化学工业出版社"十四五"普通高等教育规划教材

大学美育

陶　新 | 主编
赵东巍 | 副主编
张　丽

DAXUE
MEIYU

化学工业出版社
·北京·

内容简介

本书全面系统地介绍了美育的基本理论和各类艺术形式的审美鉴赏,内容涵盖了美的本质、起源和中西方美育思想,深入探讨了艺术美、社会美、自然美,以及绘画、音乐、雕塑、舞蹈、戏剧、影视和实用艺术等多个领域的审美鉴赏。

本书注重理论与实践相结合,不仅详细介绍了美育的基本理论,还通过大量的艺术鉴赏实例,帮助学习者应用理论知识于实际审美活动中,从而提升审美情趣,有效培养创新思维和审美能力。本书还融入了中国特色艺术审美鉴赏的内容,如传统艺术、民间艺术和红色文化等,旨在培养学习者的文化自信和民族自豪感。此外,本书强调了美的创新与创造,鼓励学习者发挥想象力和创造力,推动艺术形式的创新和发展。

本书可作为普通高等院校美育素养类课程的通识性教材,也可作为广大美育爱好者的参考读物。

图书在版编目(CIP)数据

大学美育 / 陶新主编;赵东巍,张丽副主编. -- 北京 : 化学工业出版社,2025.2. -- (化学工业出版社"十四五"普通高等教育规划教材). -- ISBN 978-7-122-46969-4

Ⅰ. G40-014

中国国家版本馆CIP数据核字第20240J3L65号

责任编辑:李彦玲　　　　　文字编辑:谢晓馨　刘 璐
责任校对:李 爽　　　　　装帧设计:王晓宇

出版发行:化学工业出版社
　　　　(北京市东城区青年湖南街13号　邮政编码100011)
印　　装:北京云浩印刷有限责任公司
787mm×1092mm　1/16　印张12$\frac{3}{4}$　字数255千字
2025年3月北京第1版第1次印刷

购书咨询:010-64518888　　　　售后服务:010-64518899
网　　址:http://www.cip.com.cn
凡购买本书,如有缺损质量问题,本社销售中心负责调换。

定　　价:49.80元　　　　　　　　　　版权所有　违者必究

前言 PREFACE

　　在人类文明的长廊里，美不仅是艺术家笔下的灵感源泉，更是普罗大众日常生活中的温馨慰藉。从古希腊哲学家对美的哲学探讨，到文艺复兴时期艺术创作的繁荣，再到现代设计与科技的融合创新，美以千变万化的形态，持续丰富着人类的精神世界。它既是自然之美的直接呈现，如山川湖海的壮丽、四季更迭的魅力，也是人文之美的深刻表达，涵盖了文学、音乐、舞蹈、戏剧、影视等多元艺术形式。

　　"劳动创造了美""人也按照美的规律来构造"。马克思在《1844年经济学哲学手稿》中的深刻洞察，不仅揭示了人类创造活动遵循美的规律这一本质特征，而且预示了美育在人类社会发展中的不可替代性。人类按照美的尺度去塑造外界，这一过程不仅是物质生产的艺术化，更是人类精神追求与创造力的高度展现。这一观点，为我们理解美育在文明进程中的深远意义提供了坚实的理论基础。美育，作为培养个体审美意识、审美情趣及创造美的能力的重要途径，贯穿于人类历史长河之中，成为推动社会文明进步不可或缺的力量。

　　在全球化与信息化的今天，社会节奏日益加快，美育的重要性也更加凸显，它不仅是个人情感滋养与心灵慰藉的港湾，更是社会和谐与文明进步的催化剂。通过美育，个体能够提升审美鉴赏力，能够更加细腻地感受世界，从而激发无限的创造力与想象力，为解决现实问题提供新颖视角与创新方案。同时，美育还能促进人与人之间的情感交流与共鸣，增强社会的凝聚力与向心力，为构建一个更加和谐、包容与进步的社会环境奠定坚实基础。

本书正是在这样的背景下应运而生，借此引导学习者在探索美的旅程中，不仅学会欣赏美、理解美，更要勇于创造美、传播美。我们相信，通过本书的阅读与学习，人们能够激发内心深处对美的热爱与追求，促进个人全面发展，同时也能为社会注入更多正能量，共同创造一个更加美好、和谐与繁荣的未来。在此过程中，我们期待与所有热爱美、追求美的同人一道，不断深化对美育的理解与实践，携手共创美育事业的新篇章。

本书的写作旨在抛砖引玉，若有不足之处请业内专家学者批评指正。

编者
2024 年 8 月

目 录

第一章 认识美
001-025

第一节 美与美育 002
一、美的定义 002
二、美育的意义 002
三、美育的实施 004

第二节 美的起源 005
一、劳动实践 005
二、心理需求 007
三、社会文化环境 008
四、美的多样性 009

第三节 西方美育思想 010
一、古希腊、古罗马时期 010
二、中世纪时期 012
三、文艺复兴时期 014
四、启蒙运动时期 015
五、现代美育思想 017

第四节 中国美育思想 019
一、"礼乐教化"的美育思想 020
二、中国美育思想的发展阶段 020
三、中国美育思想的意义 024
四、新时代中国美育思想的创新发展 024

第二章 艺术美与艺术欣赏
026-034

第一节 什么是艺术 027
一、艺术的定义 027
二、艺术的种类和形式 028
三、艺术的特点 030

第二节　艺术欣赏
一、艺术欣赏的定义 ……………………………………………032
二、艺术欣赏的特点 ……………………………………………032
三、艺术欣赏的意义 ……………………………………………033

第三章　社会美与自然美
035-042

第一节　社会美 …………………………………………………036
一、社会美的特征 ………………………………………………036
二、社会美的表现形式 …………………………………………036
三、社会美的功能 ………………………………………………037
四、社会美的创造与发展 ………………………………………038

第二节　自然美 …………………………………………………039
一、自然美的特征 ………………………………………………039
二、自然美的种类 ………………………………………………040
三、自然美的美学意义 …………………………………………041
四、自然美与人类的关系 ………………………………………041
五、自然美对人类心灵的影响 …………………………………042

第四章　绘画艺术美
043-075

第一节　绘画的分类 ……………………………………………044
一、绘画的基本分类 ……………………………………………044
二、按绘画题材分类 ……………………………………………044
三、按绘画技巧分类 ……………………………………………044
四、按绘画风格分类 ……………………………………………045
五、按地域分类 …………………………………………………052

第二节　绘画鉴赏 ………………………………………………053
一、绘画鉴赏的作用 ……………………………………………053
二、案例赏析 ……………………………………………………054

第三节　中国绘画 ………………………………………………061
一、中国绘画的特点 ……………………………………………061
二、中国绘画的风格 ……………………………………………062
三、中国绘画的发展历程 ………………………………………063
四、案例赏析 ……………………………………………………064

	第四节　外国绘画	069
	一、外国绘画的发展历程	069
	二、案例赏析	071

第五章　音乐艺术美
076-088

第一节　音乐艺术的基本要素 ... 077
　　一、节奏 ... 077
　　二、旋律 ... 077
　　三、和声 ... 077
　　四、力度 ... 078
　　五、速度 ... 078
　　六、调式 ... 078
　　七、曲式 ... 079
　　八、织体 ... 079
　　九、音色 ... 079

第二节　中国音乐 ... 080
　　一、历史脉络 ... 080
　　二、形态、流派与风格 ... 080
　　三、名曲与名家 ... 081
　　四、案例赏析 ... 082

第三节　外国音乐 ... 084
　　一、历史脉络 ... 085
　　二、风格与流派 ... 085
　　三、名曲与名家 ... 085
　　四、案例赏析 ... 086

第六章　雕塑艺术美
089-104

第一节　雕塑艺术概述 ... 090
　　一、雕塑的概念 ... 090
　　二、雕塑艺术美的表现形式 ... 090
　　三、雕塑艺术美的审美体验 ... 090
　　四、雕塑艺术美的教育意义 ... 091

第二节　雕塑的种类 ... 092
　　一、按表现形式分类 ... 092

二、按制作目的和用途分类 093
　　　三、按使用材料分类 093

　第三节　雕塑的艺术特点 093
　　　一、立体性 093
　　　二、可触摸性 094
　　　三、表现力 094
　　　四、物质性 094
　　　五、历史性 094

　第四节　中外雕塑名作赏析 095
　　　一、中国雕塑名作赏析 095
　　　二、外国雕塑名作赏析 099

第七章　舞蹈艺术美
105-116

　第一节　舞蹈艺术概述 106
　　　一、舞蹈艺术的审美体验 106
　　　二、舞蹈艺术的美学价值 106
　　　三、舞蹈艺术的创作过程 107
　　　四、舞蹈艺术美的欣赏 108

　第二节　舞蹈的种类与风格 109
　　　一、古典舞蹈 109
　　　二、民族舞蹈 109
　　　三、现代舞蹈 110
　　　四、街舞与流行舞蹈 110

　第三节　中外舞蹈作品赏析 111
　　　一、中国舞蹈作品赏析 111
　　　二、外国舞蹈作品赏析 114

第八章　戏剧与影视艺术美
117-130

　第一节　戏剧艺术美 118
　　　一、戏剧艺术美之体现 118
　　　二、戏剧艺术的美学价值 118
　　　三、如何欣赏戏剧艺术美 120
　　　四、案例赏析 120

	第二节	影视艺术美 123
		一、影视艺术美的内涵 123
		二、影视艺术美的特点 124
		三、影视艺术美的价值 124
		四、案例赏析 125

第九章　实用艺术美
131-149

第一节	建筑艺术美 132
	一、建筑艺术的概念 132
	二、案例赏析 132
第二节	园林艺术美 137
	一、园林艺术的概念 137
	二、园林的分类 138
	三、案例赏析 139
第三节	工艺美术 141
	一、工艺美术的概念及发展 141
	二、工艺美术品的种类 142
	三、工艺美术品的特点 142
	四、案例赏析 144
第四节	现代设计美 145
	一、产品设计美 145
	二、视觉传达设计美 146
	三、空间设计美 146
	四、数字设计美 147
	五、案例赏析 147

第十章　中国特色艺术审美鉴赏
150-182

第一节	传统艺术审美鉴赏 151
	一、书法 151
	二、国画 154
	三、陶瓷 159
	四、京剧 161
	五、武术 163
	六、杂技 165

第二节　民间艺术审美鉴赏 167
　　一、民间艺术审美鉴赏的意义 167
　　二、民间艺术审美鉴赏对文化传承的作用 167
　　三、民间艺术的类型 168
　　四、案例赏析 174

第三节　红色文化审美鉴赏 178
　　一、红色文化的内涵 178
　　二、红色文化的特征 178
　　三、红色文化价值与现实意义 179
　　四、案例赏析 180

第十一章　美的创新与创造
183-192

第一节　审美创新与艺术发展 184
　　一、审美创新与艺术发展之间的关系 184
　　二、审美创新的因素 185
　　三、艺术发展的因素 186

第二节　创造力培养与美的创新 186
　　一、创造力的培养路径 186
　　二、美的创新方式 187
　　三、创造力培养与美的创新的关系 187
　　四、美的创新实践类型 187
　　五、美的创新实践方法 189

第三节　审美思维与科技创新 190
　　一、审美思维引领科技创新 190
　　二、科技创新推动审美思维拓展 190
　　三、审美思维与科技创新的共同发展 191

第四节　美的创新与民族复兴 191
　　一、创新在民族复兴中的重要性 191
　　二、美的创新与民族复兴的融合 191

参考文献
193

第一章
认识美

第一节　美与美育
第二节　美的起源
第三节　西方美育思想
第四节　中国美育思想

第一节　美与美育

一、美的定义

《中国大百科全书》对美的定义为:"美有广义与狭义之分。狭义的美指一种与崇高并列的美学范畴,又称优美。广义的美指一切具有审美价值的事物,或一切具有审美价值的事物所共有的本质,也即美的本质、审美价值和审美对象。"美是一个非常复杂的概念,不同时代和文化背景的人对美的定义有所不同。柏拉图认为"美是一种自然优势",亚里士多德认为"美是一种善",黑格尔认为"美是理念的感性显现",孔子认为"里仁为美"。由此可见,美在不同时代、不同社会背景下具有不同的表现。而在美学领域,美的定义也是众说纷纭,没有一个确切的定论。但是,我们可以从不同视角来探讨美的本质和特征。

从艺术学角度看,艺术作为人类文化的重要组成部分,不仅是情感、思想和观念的表达,更是对美的追求和创造。艺术作品借助一定的形式元素,包括色彩、线条、音符等,以及它们之间的组合和变化,创造出独特的审美效果,引发观众的审美感受和体验。这种审美体验往往伴随着愉悦、感动、震撼等情感反应,使人们感受到美的存在。艺术不仅创造美,还传播和普及美。艺术作品通过展览、演出、出版等方式,将美的观念、价值和体验传递给更广泛的人群。这种传播和普及的过程,不仅提高了人们的审美素养和审美能力,也促进了社会文化的繁荣和发展。然而,仅仅从艺术学的角度探讨美是不够的,还需要从社会学的角度去看待审美和社会美育。

从社会学角度看,社会美育是美育的重要内容之一,它强调美的社会性和实践性,将美的观念和价值融入社会生活的各个方面。审美是社会文化的产物,受到社会制度、价值观念、文化传统等多种因素的影响。不同的社会群体、文化背景和时代背景下,人们的审美观念和标准也会有所不同。因此,我们需要关注社会文化的多样性,尊重不同群体的审美选择,推动多元文化的交流和融合。同时,社会美育也强调美的实践性和应用性。美不仅要在理论上探讨和追求,更要在日常生活中实践和应用。通过社会美育的推广和实践,我们可以将美的观念和价值融入日常生活和工作中,感受美的力量和魅力。

二、美育的意义

美育在提升人的审美和鉴赏能力、陶冶情操和塑造人格、激发创新能力与丰富艺术体验、培养综合审美素质、推动社会和谐方面具有重要意义。

一是美育有助于提升人的审美和鉴赏能力。审美能力是指人们感受美、鉴赏美、创造美的能力。美育可以培养人们对艺术作品的感受力、理解力和想象力，提高对美的敏感度和感知能力。同时，美育还可以培养人们的审美趣味和审美观念。审美趣味是指人们对美的追求和偏好，是一种个性化的审美标准；审美观念则是指人们对美的普遍认识和理解，是一种社会性的审美标准。美育可以引导人们形成健康、高雅的审美趣味和正确的审美观念，避免低俗、浅薄的审美追求。

二是美育有助于陶冶情操和塑造人格。美育对于陶冶情操和塑造人格有着深远的意义。无论是绚丽多彩的绘画、动人心弦的音乐，还是韵味无穷的文学，都能润泽人们的心灵，使人感受人性的温暖与美好，激发起内心的善良与悲悯，使情感在美的浸润中不断升华。在欣赏美的过程中，人们学会用包容的胸怀接纳万物，从而塑造出更加豁达、宽容的人格。美育让人们执着于对真善美的追求，使人们在纷繁复杂的生活中坚守内心的纯净与宁静，成为一个情感丰富、品格高尚的人。它如同无声的力量，潜移默化地改造着人们的心灵，使人格更加健全，绽放出属于自己的独特光彩。

三是美育有助于激发创新能力与丰富艺术体验。美育开启了艺术体验的奇妙之门，又点燃了艺术创新的火花，让人们敢于突破常规，以独特的视角去审视世界，去探索未知的可能。在传承中华优秀传统文化的背景下，人们通过艺术体验不断提升创新能力，通过对美的感悟与表达不断挖掘自身的创新潜力，为各个领域注入新的活力与灵感。美育给予人们丰富而深刻的艺术体验，让人们在艺术创作中产生共鸣。在这种体验中，人们对美的感知变得更加敏锐，对世界的理解也更加多元和深入。美育带来的艺术体验，让生命充满绚丽的色彩，人们提升了艺术创造能力，在追寻美的道路上不断创造奇迹。

四是美育有助于培养综合审美素质。在德、智、体、美、劳五育融合背景下，美育不但能提升审美素质，更重要的是能促进人的全面发展。美育不仅是一种艺术教育，更是一种人文素养教育。美育可以拓宽人们的知识面和文化视野，提高人们的文化素养和综合素质。同时，美育还可以培养人们的创新思维和实践能力，激发人们的创造力和想象力。这些能力的提高不仅有助于人们在专业领域取得更好的成绩和发展，还能够促使人们在个人生活和社会生活中更好地发挥自己的作用。

五是美育有助于推动社会和谐。美育在社会发展中的重要作用不言而喻，推动社会美育对社会和谐和发展至关重要。社会美育的重要作用在于人们的心灵被美所滋养，让不同个体因为对美的共同追求而产生情感的联结与共鸣，促进社会关系的融洽。在社会美育的氛围中，全社会共同营造出一个温馨而有爱的社会环境和氛围。美育激发着人们对美好生活的向往并为之奋斗，让整个社会充满积极向上的活力。美育是社会进步的基石，是构建和谐社会的重要力量。

三、美育的实施

实施美育的路径包括学校美育、社会美育及提升自我审美能力的个人美育，通过艺术来打动人、感染人、教育人。这需要采取多种形式和方法来达到目的。

在学校美育方面，学校通过实施美育活动来开展美育工作。一是开齐开足美育课程，这包括优化三类公共艺术课程设置，即艺术史论及美学类课程、艺术鉴赏与批评类课程、艺术创造与体验类课程，丰富艺术课程种类和内容，加强艺术理论与实践的结合。二是提升美育教师能力和水平，强化教师队伍建设。学校应大力培养专业的美育教师。2006年《教育部办公厅关于印发〈全国普通高等学校公共艺术课程指导方案〉的通知》（教体艺厅〔2006〕3号）要求落实《学校艺术教育工作规程》（教育部令第13号）。2022年《教育部办公厅关于印发〈高等学校公共艺术课程指导纲要〉的通知》（教体艺厅〔2022〕1号）要求，高等学校公共艺术课程教师人数，不低于在校学生总数的0.15%，其中专职教师人数不低于艺术教师总数的50%。三是广泛开展覆盖全校的艺术展演活动，如校园艺术比赛、文艺汇演、艺术社团活动等，让校园内充满浓郁的艺术氛围，为学生提升美育素养、成长成才提供保障。

在社会美育方面，构建完善的社会美育资源平台，开展丰富多彩的社会美育活动，对于提升全社会美育水平具有重要作用。主要包括以下路径。一是建设公共艺术空间，强化公共文化设施建设，包括加大对博物馆、美术馆、艺术馆、科技馆等的投入，提升其展览质量和服务水平，定期举办各类主题展览和活动。二是打造城市艺术景观，在城市公共空间布置具有艺术美感的雕塑、壁画、装饰等，增添城市的文化氛围和艺术气息。三是发展文化创意产业，鼓励创作更多具有审美价值的文化产品，如影视作品、动漫、游戏等，丰富人们的精神生活。四是开展公益艺术讲座和培训，包括定期邀请专家学者面向大众开展艺术知识普及讲座，组织各类艺术技能培训工作坊。五是在节假日定期举办服务大众的大型艺术活动和节庆，如艺术节、音乐节、戏剧节等，吸引广大民众积极参与，实现艺术惠民，提升大众审美素质。由此可见，社会美育作为普及和提升全社会审美的重要途径，具有重要的价值和意义。

在个人美育方面，个体通过学习、鉴赏、体验等美育活动，不断提升个体的审美素养。一是培养个人的审美兴趣和习惯。兴趣是最好的老师，只有对艺术产生兴趣才能真正领略艺术的魅力。因此，实施个人美育要注重培养个体对艺术的兴趣和爱好，通过展览、演出、讲座等活动了解艺术史、艺术风格、艺术流派等，从而养成审美兴趣和习惯，提高艺术素养。二是广泛参加审美体验和实践活动。审美体验是个体感受艺术魅力的过程，积极参与如绘画、音乐、舞蹈等各种艺术活动，感受艺术魅力，提高自我审美能力和创造力，同时还要将审美体验转化为实践行动，在社会生活中积极发挥自己的作用。

由此可见，实施学校美育、社会美育和个人美育，是培养人的全面发展的必然要求，也是促进社会和谐发展的重要途径。

第二节　美的起源

美从何而来？它像其他众多概念一样，有着深刻的历史烙印和复杂的文化背景。在本节中，我们将一起探索美的起源，从劳动实践、心理需求、社会文化环境等多个角度去揭示美的诞生之谜。

一、劳动实践

1. 工具与器皿的创造

在原始社会中的旧石器时代，人类为了生存开始制造工具和器皿。这些工具和器皿不仅实用，而且在某种程度上也体现了古人对美的追求。古代早期工具与器皿的创造是人类文明发展的重要标志，它们的出现不仅满足了人们的生活需求，也体现了古人的智慧和创造力。原始社会的工具大多由粗糙的石头、木棍等简单材料制成。比如新石器时代的人们发明了石斧、石刀、石镰等工具，用于狩猎、采集和农耕等（图1-1）。石斧沉重而坚实，是人们砍伐树木、加工木材的得力助手；石镰则帮助人们收获大自然的馈赠。除此之外，还有用兽骨磨制而成的骨针，精巧而实用，让人们得以缝制衣物，抵御寒冷。这些远古时期的工具与器皿，虽然简单原始，却为人类后续的发展奠定了重要的基石，开启了文明不断演进的漫长历程。

图1-1　原始社会工具

2. 陶器的发明

新石器时代，陶器的发明是美的起源中一个重要的里程碑，承载着岁月的痕迹与先人的智慧（图1-2）。它们形态各异，或圆润古朴，或别致精巧。有的陶器表面绘有精美的图案，那是古代艺术家们用灵巧的双手绘制而成，线条流畅，色彩斑斓。从最初简单的陶罐，到后来的彩陶、釉陶，这一发展过程体现了人类对美的不断探索和创造。从简单的陶碗到造型独特的陶瓶，每一件都凝聚着当时人们对生活的热爱与追求。陶器可用于储存食物和水，为人们的生活提供了便利，也展现出古代社会生活的一个重要侧面。其质地或细腻或粗糙，触感中蕴含着历史的温度。陶器的形态、纹饰和色

图1-2　新石器时代马家窑文化彩陶贴塑人纹双系壶

彩都反映了原始社会的审美观念，如新石器时代的彩陶，其上的纹饰既有一定的实用性，也具有强烈的审美价值。这些纹饰多以植物、动物为主题，展现出自然生命的活力和秩序。这些拙朴的陶碗、陶罐，承载着人们对美好生活的期许和渴望，成为生活中不可或缺的存在。陶器不仅是实用的器具，更是艺术的载体，穿越千年的时光，让我们得以领略到古代文化的魅力与辉煌，见证着独特而又迷人的人类文明发展历程。无论是在考古遗址中被发现，还是在博物馆中陈列，古代陶器都散发着一种令人无法抗拒的吸引力，让我们沉醉其中，去探寻那久远的过去。

3. 青铜器的出现

商周时期出现了青铜器，如鼎、爵、尊等，用于祭祀和礼仪，是古代艺术的不朽杰作。这些闪耀着神秘光芒的青铜器，以其独特的造型和精美的装饰令人赞叹不已。青铜器的美散发着多彩的艺术气息，它们有的造型沉稳大气、庄重威严，如厚重的鼎；有的则精巧别致，线条优美流畅，如灵动的爵。青铜器上的各种纹饰活灵活现，如饕餮纹、云雷纹等，繁密而富有规律，充满了神秘的象征意义，展现出古代工匠们非凡的创造力和审美追求。青铜器的色彩也充满了神秘的韵味，其色泽深沉而内敛，经过岁月的沉淀更显古朴醇厚。青铜器不仅是实用的器物，更是古代审美观念的集中体现。它们将力量与柔美、庄重与灵动完美融合，体现了那个时代独有的审美意趣和文化内涵。凝视着这些青铜器，仿佛能穿越时空，感受到古代先人们对美的独特理解和执着追求，让我们在历史的长河中领略

到那令人着迷的审美境界，为古代文明的辉煌而心生敬畏与感动。

4. 铁器的应用

春秋战国时期，随着农业和手工业的发展，工具与器皿的种类和数量也不断增加。铁制工具和器皿逐渐取代了青铜器，成为主要的生产和生活用具。铁器承载着时光的厚重与力量的美感，有一种独特的冷峻之美。古老的铁剑，剑身闪烁着寒芒，其简洁而锋利的线条，既展现出战斗的实用性，又散发着一种凌厉的美感。精致的铁壶，其圆润的造型和细腻的工艺，赋予它一种别样的雅致。威严而庄重的铁铠甲，一片片铁片紧密相连，展示着那个时代对于力量与勇气的追求。铁器独特的魅力，在审美领域留下了不可磨灭的印记。

5. 瓷器的发明

早在商周时期，原始瓷器便已崭露头角，东汉时期出现了真正的瓷器，历经岁月的磨砺与沉淀，到唐宋和元明清时期，瓷器技术及艺术达到高峰，出现了大量的传世珍品。如唐代形成了"南青北白"的瓷业局面。"南青"指越窑青瓷，具有胎骨较薄、施釉均匀、青翠莹润的特点。而"北白"则指邢窑白瓷，其具有纯白如雪、光泽柔和的特点。又如宋代汝窑瓷器，那淡雅的天青色，似雨过天晴后的澄澈天空，温润而宁静，散发着一种超凡脱俗的气质。青花瓷以蓝白相映的色彩、细腻流畅的线条，营造出一种清新素雅却又韵味无穷的意境，元青花鬼谷子下山罐便是经典之作。明清时期，举世闻名的江西景德镇瓷器形成了专门烧造宫廷用瓷的御窑厂，代表了明清制瓷业的最高工艺水平，在釉料、造型和纹饰等方面都有了很大的发展和创新，出现了许多经典的品种和作品，如粉彩瓷、斗彩瓷等。

二、心理需求

1. 对秩序的追求

人类天生便对有序、和谐、平衡等美好事物有一种本能的追求。这种追求源自人类的生物学基础和社会文化环境的影响。当人们看到符合这些追求的事物时，会产生愉悦、舒适的感觉，这就是美感。在秩序之中，人们能感受到一种安稳与和谐，对称的图案、和谐的色彩搭配会引发美感，而这种美感来源于我们对秩序的认知和追求。整齐的城市街道、鳞次栉比的建筑，体现着人们对空间秩序的精心营造；古老的紫禁城，庄严的布局，对称的结构，彰显着皇家的威严与秩序之美；阅兵仪式上士兵们整齐划一的步伐，是对纪律和秩序的完美诠释，震撼人心；图书馆里按照分类整齐排列的书籍，让知识的海洋有了清晰的脉络，方便人们去追寻与探索。这些都是人们对秩序美执着追求的体现，它们让人们的生活充满了秩序的韵律和美感，让人们在有序中感受着世界的奇妙与美好。

2. 对表达的渴望

美也是人类表达情感、传递信息的一种方式。通过艺术作品、音乐、舞蹈等表现人们的喜怒哀乐，这既是心理需求的满足过程，也是美的创造过程。在这些表现形式中，我们可以看到人们对美的追求和创造力的多样性。音乐中的旋律、和声，绘画中的色彩、线条等，都是表达情感、传递信息的重要手段，如同一团不息的火焰，指引着人们去追寻、去展现那无尽的美好。从古老的岩画到现代的艺术作品，从精心编排的舞蹈动作到悠扬婉转的音乐旋律，都是人们表达美的生动体现。画家用画笔挥洒出绚丽多彩的画卷，扭曲而炽热的线条与色彩，倾诉着对美的独特感悟；音乐家通过灵动的音符编织出震撼心灵的乐章，激昂澎湃中传达着对生命与美的礼赞；舞者在舞台上翩翩起舞，那优美的身姿诠释着灵动之美；诗人用文字构筑起充满意境的世界，如璀璨星辰般闪耀着美的光芒。这些都深刻地展现了人们对美的表达。

3. 对美的追求

当前，社会主要矛盾是人民日益增长的美好生活需要和不平衡不充分的发展之间的矛盾。而对美的追求是不断满足人们精神生活需要的重要途径。从音乐中聆听那震撼灵魂的旋律之美，莫扎特的音乐如天籁般纯净，让人心驰神往；在绘画艺术里领略那色彩与线条勾勒出的奇幻之美，达·芬奇的《蒙娜丽莎》神秘的微笑引发无尽的遐想；在哲学的思考中追寻那智慧的光芒所带来的理性之美，苏格拉底对真理的执着叩问让人折服；古代的文人墨客以诗词歌赋表达对自然、对人生的赞美；近代的艺术家用独特的创作展现内心对美的独特感悟。这些都是人类精神生活中对美不懈追求的有力证明，让美成为人们精神世界中璀璨的瑰宝。

三、社会文化环境

1. 社会文化与美

文化背景是人们审美观念和美感体验形成的重要基础。不同的文化背景孕育了不同的审美标准和审美追求。西方文化崇尚自由、个性张扬的价值观，使得西方艺术更加注重表现个人情感和自由精神。油画、雕塑等艺术形式在表现个人情感和自由精神方面有着独特的优势，因此深受西方人的喜爱。中国文化崇尚和谐、中庸的价值观，使得中国艺术更加注重表现和谐整体和深远意境。国画、书法等艺术形式在表现自然与人的和谐、情感与理智的统一方面有着独特的魅力，因此深受中国人的青睐。随着全球化的深入发展，不同文化之间的交流和融合日益频繁。这种文化交流不仅促进了不同文化之间的了解和认同，也推动了审美观念和美感体验的多元化和融合。在当代艺术中，越来越多的艺术家开始尝试将不同文化元素进行融合和创新,以创造出更具时代感和文化特色的作品。这种审美融合不仅丰富了人们的审美体验,也推动了艺术的创新和发展。

2. 社会习俗与美

社会习俗是人们在长期社会生活中形成的一种相对稳定的行为规范和价值观念。不同的社会习俗造就了人们对美的不同理解。在唐朝社会,丰腴被视为美,而在现代社会,苗条被视为美。这种美的标准的差异来源于社会习俗的塑造和影响。在一些非洲部落中,女性以肥胖为美,因为在非洲的习俗文化中肥胖被认为是健康、富有和地位的象征。而在现代主流的社会审美中,由于健康观念的变化和审美趋势的影响,人们普遍追求苗条、健康的身材。

除了影响对美的理解外,社会习俗还塑造了人们追求美的方式。不同的社会习俗会使人们在追求美的过程中采取不同的行为方式和手段。一方面,人们通过化妆、穿着等方式来追求外在美,另一方面,人们则更加注重内在美的培养和提升。这种追求美的方式的差异也反映了不同社会习俗对人们审美观念和美感体验的影响。

3. 社会发展与美

社会发展与美经历了漫长的过程。在远古时期,巫术礼仪是人们与神灵沟通的方式,红色被赋予了社会性的巫术礼仪的符号意义,这种运用色彩和赋予意义的行为,可以视为美的起源之一。图腾崇拜则是人们将特定的动物、植物或其他自然物视为神圣的象征,这些图腾往往具有特殊的形态和意义,它们的形象被用于艺术和装饰中,成为美的表达。中国的龙和凤就是从图腾演变而来的,它们代表着吉祥、尊贵和美好。

人类的劳动活动也对美的起源产生了重要影响。人们创造了工具、纺织品等物品,这些物品不仅具有实用价值,还体现了人们对形式和装饰的追求。不同文化之间的交流和融合,也促进了美的多样性和发展。如丝绸之路的开通促进了东西方文化的交流,使得不同文化艺术和审美观念相互影响和融合。

四、美的多样性

在人类的世界里,美更是千姿百态。美的多样性让我们的世界变得丰富而迷人,让我们能够从不同的角度去欣赏、去感受、去领悟生活的精彩与美好。每一种美都独一无二,都值得我们珍惜和赞美。正是由于美的多样性存在,我们的世界才更加丰富多彩。美的多样性主要包括文化的多样性、个体的多样性、审美的多样性。

1. 文化的多样性

不同地区、不同民族的文化差异，形成了各种各样的艺术形式和风格。这些不同的艺术形式和风格都表现了人类对美的追求和创造力的多样性。中国的艺术讲究意境和气韵生动；印度的艺术充满了神秘主义和宗教色彩；非洲的艺术则具有浓郁的部落文化和民族特色。文化的多样性如同五彩斑斓的调色板，让美变得丰富且富有层次。美与文化的多样性相互交融，彼此滋养。它们不仅丰富了我们的感官体验，更拓宽和加深了我们对世界的认知和理解。

2. 个体的多样性

除了文化差异外，每个人的审美观念和美感也都有所不同。每个人都是独一无二的个体，都有自己的价值观、生活经历和教育背景等。这些因素都会对个人的审美产生影响，因此每个人对于同一件事物会有完全不同的看法和理解，这一点在艺术领域尤为突出。有些人喜欢简约风格的艺术品，有些人则更喜欢复杂的艺术品，因此个人的多样性也是美的重要特性之一。我们应该尊重每个人的审美选择和理解，不应该将自己的观点强加给别人，这样才能真正促进艺术的多样性和发展。

3. 审美的多样性

文化的多样性和个体的多样性形成了各种各样的审美观念。在艺术领域中，审美的多样性尤为突出。不同的艺术形式和风格都有独特的审美特点和表现方式。一件艺术品同时具有多种审美特征和价值，而这些特征和价值是艺术家通过作品传递出来的。观众在欣赏作品时，也会根据自己的审美观念和经验来解读和理解作品，从而对作品产生不同的感受和认知。

第三节　西方美育思想

西方美育思想源远流长，自古以来，西方的哲学家、教育家一直在探讨美的本质和美育的重要性。他们认为美育是培养个体审美能力、创造力和文化素养的重要途径，审美感受能力是人对美的感知和领悟的能力。

一、古希腊、古罗马时期

1. 古希腊美育思想

古希腊美育思想强调通过艺术形式，培养人的身心和谐、理性思考和道德修养，以实现人的全面发展和对美的追求。

在这一时期,哲学家们开始深入探讨美的本质和美育的功能,对美的本质进行了深入的思考。他们认为美是和谐、对称和比例的统一,这种美不仅存在于自然界中,也体现在人类的精神和道德层面。毕达哥拉斯学派将数学与美紧密联系起来,认为美的事物都遵循着一定的数学规律和比例关系。这种数学关系为音乐、绘画、雕塑等艺术形式的美感提供了基础,也为后世的美育理念提供了重要的启示。除此之外,古希腊人非常重视美育的社会功能,认为美育是培养公民全面发展的重要手段。通过美育,人们可以培养对美的敏感性和鉴赏力,进而提升个人的精神品质和道德修养。柏拉图在他的著作《理想国》中提出了"三张床"理论,强调理念的重要性,认为美育应该引导人们追求内在的精神之美。亚里士多德则进一步发展了形式理论,对悲剧快感的根源进行了深入探讨,进一步强调了美育在培养人性和社会教化中的作用。

在艺术实践方面,古希腊艺术家通过创作雕塑、绘画等作品,展现了人体的完美比例和肌肉的力量感。这种对美的追求不仅体现在外在形式上,更体现在对内在精神的探索上。音乐在古希腊美育思想中也占据重要地位。音乐被认为能够陶冶人的情操,提升人的精神。因此,古希腊的教育体系非常重视音乐教育,将其视为培养公民全面素质的重要途径。

2. 古罗马美育思想

古罗马美育思想注重实用性和功利性,将美育作为培养公民品德和社会责任感,服务于国家统治和社会秩序的重要手段。

古罗马人继承了古希腊对美的本质和美育功能的认识,他们同样认为美是和谐、对称和比例的统一,美育是培养公民全面发展的重要手段。古罗马美育思想在继承古希腊美育思想的基础上,进一步发展了美育理念。古罗马人更加注重实用性和功利性,认为美育不仅应该培养人的审美能力和精神品质,还应该为社会的发展和进步服务。他们通过公共建筑、雕塑、绘画等艺术形式展现罗马文化的辉煌和繁荣,这些作品不仅具有审美价值,还承载了社会教化的功能(图1-3)。罗马的万神庙等建筑不仅展现了古罗马艺术的雄伟和壮丽,也体现了古罗马社会的价

图1-3 罗慕路斯和雷慕斯与狼的青铜铸像

第一章 认识美 011

值观和道德观念。

古罗马人在美育实践中注重实用性和社会功能。他们通过艺术教育培养公民的审美能力和文化素养，同时也强调艺术的社会功能和教育作用。古罗马的艺术家们被赋予了很高的社会地位和荣誉，他们的作品不仅受到社会的广泛赞誉和尊重，也为社会的文化繁荣和发展做出了重要贡献。

古希腊、古罗马时期的美育思想对后世的美育理念产生了深远的影响，为后世的美育理念提供了丰富的理论支撑。古希腊、古罗马时期的美育思想通过具体的艺术实践得到了生动的体现。无论是古希腊的雕塑、绘画还是古罗马的建筑、雕塑等，都展现了人类对美的追求和创造。这些艺术作品不仅具有审美价值，还承载了深刻的文化内涵和社会教化功能，对后世的艺术创作和文化发展产生了深远的影响。

二、中世纪时期

在中世纪的西方，艺术成为传播宗教教义的工具，人们追求精神上的纯净与升华，美育思想受到宗教和封建制度的影响，呈现出独特的特点和发展轨迹。宏伟的教堂、华丽的彩色玻璃窗以及庄严的宗教音乐，无不是为了唤起人们内心对神圣之美的敬畏和向往。文学作品也多以宗教故事和寓言为主，试图通过生动的叙述来启迪人们的心灵，培养虔诚的信仰和高尚的品德。这种美育思想在一定程度上限制了个体的自由表达和创造力，使美育成为宗教统治的附庸，但不可否认的是，它也在那个时代为人们提供了精神的寄托和道德的指引。这一时期的美育思想主要表现为神秘主义、象征主义和形式主义。

1. 神秘主义美育思想

中世纪时期，基督教成为欧洲主要的宗教信仰，神秘主义美育思想也随之兴起。这种思想认为，美是上帝创造的，只有通过神秘的宗教体验才能感知和理解。它强调通过内心的沉思、虔诚的信仰以及与上帝的精神契合来领悟超越世俗的神秘之美。在这种思想体系中，物质世界的美被视为上帝之美的微弱映射，而真正的美存在于精神的深处，只能通过心灵的感悟去触及。此时期，艺术被视为传播宗教信仰和教义的工具，宗教音乐庄严而动人的旋律、绘画中蕴含的宗教寓意以及宏伟壮丽的教堂建筑，无不是为了唤起人们内心对神秘之美的向往和追求。这些艺术形式不仅具有装饰和表现的功能，更承载着深刻的宗教内涵和精神意义，帮助人们在欣赏和感受艺术的过程中提升自己的精神境界。因此，中世纪艺术注重表现神秘、超自然和象征性的元素，如哥特式建筑风格中的高耸、尖顶和暗色调等。

2. 象征主义美育思想

中世纪西方象征主义美育思想强调通过各种象征符号来领悟和表达超越现实世界的精神意义与神圣之美。在象征主义美育思想中，艺术被视为一种象征和隐喻，是传递神圣信息的重要媒介，其中运用了各种象征符号。这些符号不仅仅是表面的装饰，更蕴含着深刻的宗教和精神内涵，通过具体的形象来表达抽象的思想和概念。这种思想认为，美是一种内在的品质，需要通过象征和隐喻来表达和理解。教堂建筑常常采用宏伟的尖顶、精美的彩色玻璃窗以及复杂的雕刻等元素。尖顶象征着人们的敬仰和向往，彩色玻璃窗上的图案和故事是对宗教传说的具象化展示。因此，中世纪艺术注重表现象征性的元素，通过这些元素来表达宗教信仰、道德观念和人生价值。

3. 形式主义美育思想

中世纪的西方，形式主义美育思想强调形式的重要性，将其视为美的核心要素和传递精神内涵的关键载体。在形式主义美育思想中，艺术被视为一种形式和结构的组合，注重艺术作品的形式美和技巧性。这种思想认为，美是一种客观存在的形式和结构，需要通过技巧和工艺来实现和完善。在艺术领域，形式被赋予了极高的价值。作品中精确的线条、和谐的色彩组合以及规范的构图，都体现着对形式的精心雕琢和极致追求。然而，中世纪西方形式主义美育思想在一定程度上也限制了艺术的创新与发展，使得创作和学习过于遵循传统和规范，缺乏对个体情感和创造力的充分发挥。但不可否认的是，它为当时的艺术提供了一套相对稳定和明确的标准，保证了一定程度上的艺术品质和教育质量，为后世的美学思想和艺术发展奠定了基础。

综上所述，一方面，中世纪西方美育思想具有积极意义。在这一时期，美育思想逐渐与宗教教育相结合，艺术作品更多地用于表达人们对神灵的敬畏和虔诚，通过宗教艺术培养人们的审美素养、情感和创造力，同时也强调了艺术作品对于道德教育的价值。这种美育思想促进了宗教文化的传播和发展，为后来艺术的多元发展和繁荣奠定了基础。同时，中世纪美育思想也体现了对世俗文化的关注。尽管宗教文化在中世纪占据主导地位，但世俗文化也在逐渐发展。中世纪的艺术家们开始尝试在宗教艺术中融入世俗元素，创作出了许多具有现实意义的作品。这些作品不仅展现了人类的情感和生活，也反映了当时社会的风貌和价值观。这种美育思想的出现，为后世世俗文化的繁荣和发展提供了重要的启示和借鉴。

另一方面，中世纪美育思想具有一定的局限性。它过于强调艺术与宗教的联系，限制了艺术的多样性和自由性；它过于注重形式和技巧，忽视了艺术的内在精神和情感体验。中世纪西方美育思想具有独特的特点和发展轨迹，它既对西方美学和美育思想的发展具有重要的影响和意义，也存在一些局限性和问题，需要批判和反思。

三、文艺复兴时期

文艺复兴时期是西方美育思想发展的重要阶段，这一时期的美育思想注重人的情感和感性体验，强调艺术对于人类精神的塑造和解放作用。这一时期，人们开始重新审视美与教育的关系，强调人的价值和尊严，追求个性的解放与自由。倡导对古典文化的复兴与借鉴，古希腊、古罗马的艺术和哲学成为人们汲取智慧和灵感的源泉。艺术家们不再仅仅为宗教服务，而是将目光投向了现实生活中的人，以精湛的技艺描绘艺术作品中人的优美与力量。此时的美育思想主要包括以人为本、强调个性和创造性的发挥、倡导人文主义和人性解放、重视艺术实践和技艺培养。

1. 以人为本

文艺复兴时期的美育思想强调以人为本，认为人是宇宙的中心，人的情感和感性体验是最真实、最珍贵的。将人置于核心地位，强调人的尊严、价值和无限潜力。它摒弃了中世纪对人性的压抑和束缚，倡导尊重个体的独特性和个性发展。这种思想认为，美育应该关注人的内在情感和精神世界，通过艺术和文化的形式来激发和满足人的感性需求，以达到人类精神的自由和全面发展。人拥有感知美、创造美和享受美的能力，美育不再是少数特权阶层的专属，而是普及到社会的各个层面，成为塑造完整人格和提升精神境界的重要力量。

2. 强调个性和创造性的发挥

这一时期，美育思想不再满足于传统的规范与模式，而是将目光聚焦于个体独特的禀赋与潜能。人们坚信，每个人都拥有独一无二的个性特质，每个人都有独特的天赋，只有通过个性和创造性的发挥才能实现人类精神的全面发展。而美育正是激发和展现这些特质的关键途径。个性的尊崇成为核心价值。艺术创作不再是千人一面的模仿与顺从，而是鼓励个体勇敢地表达自我；创造性的发挥则被视为美育的灵魂所在，人们不再满足于对既有作品的简单复制，而是积极探索新的艺术形式、技法和表现方式。这种思想鼓励人们追求自我实现和自我表达，通过艺术、科学、哲学等多个领域来实现个性和创造性的发挥。

3. 倡导人文主义和人性解放

文艺复兴时期的美育思想将焦点从神权的禁锢转向对人的关注，大力弘扬人文主义精神。人们开始重新审视自身的能力与潜力，相信通过美育和自我修养，可以实现个体的完善与发展。艺术家们以生动而真实的笔触描绘人的形象和情感，展现出人性的光辉与弱点。美育成为唤醒人性的有力工具，鼓励人们勇敢地追求自由、平等和幸福。它不仅改变了当时人们的观念和生活方式，更为后世的文化、艺术和教育发展奠定了坚实的基础，成为人类文明进步的重要标志。

4. 重视艺术实践和技艺培养

文艺复兴时期的美育思想重视艺术实践和技艺培养，认为艺术实践和技艺培养是实现人类精神自由和全面发展的重要途径。这种思想鼓励人们积极参与艺术实践和学习技艺，通过实践来培养审美能力和创造力。文艺复兴时期的美育思想还注重对艺术技能和技术的传承和发展。在这个时期，艺术家们开始探索新的艺术形式和技术，如油画、雕塑、建筑等。他们通过继承和发展古典艺术的传统，将这些技能和艺术形式融入自己的作品中，为后来的艺术发展提供了重要的技术支持。

综上，西方文艺复兴时期的美育思想打破了中世纪宗教束缚的枷锁，重新确立了人的尊严与价值。在漫长的中世纪，人的地位被神权所压制，而文艺复兴时期的美学思想强调以人为中心，歌颂人的美好与力量，使人们开始重新审视自身，激发了个体的自信与自我意识，开启了一个追求美、崇尚自由和个性的新时代，对后世的文化、艺术、思想和社会发展产生了持续而深远的影响。

四、启蒙运动时期

启蒙运动时期是西方美育思想发展的重要阶段，这一时期的美育思想主要关注的是人的自由、理性和全面发展，是在资产阶级民主、平等、自由的社会背景下建立的。它反对封建主义和宗教束缚，强调人的主体性和创造性，强调理性的力量，追求自由、平等和进步，注重培养人的审美能力和文化素养，对西方美学和艺术的发展产生了深远影响，为现代美学观念的形成奠定了基础。它不仅推动了艺术的创新和发展，也促使人们更加关注社会现实和人类自身的价值。启蒙运动时期的西方美育思想主要包括推崇理性和科学、强调自由和平等、倡导人类普遍价值和人性的解放、重视艺术教育和审美普及。

1. 推崇理性和科学

启蒙运动时期，理性被置于至高无上的地位，成为衡量一切的标准，科学作为理性的有力工具，受到了前所未有的重视。这一时期认为理性和科学是认识世界和推动社会进步的重要力量，主张美育应该通过理性和科学的方式来培养人们的审美能力和创造力，以实现人类精神的自由和全面发展。艺术教育不再仅仅是教条灌输，而是注重培养学生的理性思维能力和科学精神。通过艺术教育，人们学会运用理性去欣赏艺术、评判道德，不再盲目跟从传统的审美标准和价值观念。

2. 强调自由和平等

这一时期，自由成为美育思想的核心追求。美育思想强调自由和平等，认为每个人都有自由和平等的权利，鼓励人们去追求自己的幸福和实现自己的价值。这种思想鼓励人们通过艺术和文化的方式来表达和追求自己的信仰和价值观。每个人都应拥有自由表达思想、情感和创造力的权利。无论是在艺术创作、文学写作还是审美判断中，自由的精神贯穿始终。艺术家不再受到严苛的传统规范和宗教教条的束缚，能够自由地选择题材、表现手法和艺术形式，尽情挥洒自己的天赋和想象力。这种思想激发了人们对美好生活的向往和追求，促使人们不断挑战旧有的秩序和观念，为建立一个更加自由、平等和美好的社会奠定了思想基础。

3. 倡导人类普遍价值和人性的解放

启蒙运动时期的美育思想倡导人类普遍价值和人性的解放，认为人类应该摆脱封建制度和宗教的束缚。这一时期的美育思想坚信，存在着超越地域、文化和种族差异的人类普遍价值。这些价值包括但不限于自由、平等、公正、尊严和友爱，它们被视为全人类共同追求的目标，是衡量社会进步和个人幸福的重要标准。这些普遍价值成为培养健全人格、塑造美好心灵的基石。启蒙运动时期西方美育思想倡导的人类普遍价值和人性的解放，不仅在当时引发了思想的巨变和社会的改革，而且对后世产生了深远的影响。它为现代社会的价值观奠定了基础，促使人们不断反思和追求建立更加自由、平等、公正和充满人性关怀的世界。

4. 重视艺术教育和审美普及

这一时期，艺术教育被视为塑造完整人格和培养理性思维的关键手段。启蒙思想家们坚信，通过系统的艺术教育，人们能够开发自身的感知能力、想象力和创造力，从而更好地理解世界和表达自我。学校和学术机构纷纷将艺术课程纳入教育体系，涵盖绘画、音乐、文学、戏剧等多个领域，不仅传授艺术技巧，更注重培养学生对艺术作品的欣赏和分析能力。启蒙运动时期的美育思想重视艺术教育和审美普及，认为艺术教育和审美普及是实现人类精神自由和全面发展的重要途径。这种思想鼓励人们积极参与艺术教育和审美普及活动，为后来的教育改革和文化发展奠定了坚实基础。它激发了社会对美的追求和对个体精神成长的关注，推动了西方社会在文化、艺术和思想领域的全面进步。

综上，启蒙运动时期的西方美育思想促进了自由和平等思想的普及，为后来的社会变革提供了重要的理论支撑。它打破了思想的禁锢，为人们的精神世界带来了自由的新风。强调美育在教育中的重要地位，促使教育不再仅仅关注知识的传授，更注重培养个体的审美能力、创造力和情感素养。这为培养全面发展的人奠定了基础，推动了教育向更加人性化和多元化的方向迈进。通过传播美的理念和价值观，促使人们对社会的不公、愚昧和陋习进行反思和批判，从而激发了追求平等、自由和正义的社会运动。在艺术创作上，追求创新和个性表达，推动了各种艺术流派的兴起与发展，为艺术史增添了浓墨重彩的一笔。

拓展阅读 启蒙运动时期美学代表人物及其思想

一、康德

康德是启蒙运动美学的代表人物之一，他的美学思想对西方美学产生了深远的影响。康德认为，美是一种主观的感受，是心灵对事物的自由表现。他认为，美不在于事物的本质，而在于我们对事物的感知和体验。康德认为美是不涉及功利、目的和概念的纯粹的自由感受，这种感受是由审美对象的形式引起的。康德认为美是一种无目的的形式，它超越了概念和目的的限制，是一种纯粹的感受和体验。

康德的美学思想不仅对西方美学产生了深远的影响，也对现代教育产生了重要的影响。这种思想启示我们在现代教育中应注重发挥学生的主体性和创造性，鼓励他们积极探索和尝试，培养他们的创新精神和实践能力。

二、黑格尔

黑格尔是德国哲学家和美学家，他的美学思想对西方美学产生了重要的影响。黑格尔认为美是一种客观存在的事物，是理性和自由的表现。他认为美的本质在于它的概念，即一种内在的必然性。黑格尔认为美是有目的的概念，它超越了主观的感受和情感的限制，是一种客观的存在。

这种思想启示我们在现代教育中应注重培养学生的理性思维和综合素质。在美育过程中，我们要引导学生通过思考和分析来理解艺术作品，培养他们的审美能力和文化素养。同时，还要注重学生的全面发展，包括审美能力、创造力、社交能力等多个方面。

五、现代美育思想

现代美育思想强调艺术的多元性和创新性，注重艺术的个性表达和实验性。在这个时期，艺术家们不断尝试新的创作手法和表现形式，推动着西方艺术的发展和创新。同时，现代西方美育思想也强调艺术与社会文化背景的关系，关注艺术的社会功能和文化价值。例如，现代主义艺术运动鼓励艺术家们打破传统艺术的界限，通过创新的手法表达自己的思想和情感。

在现代西方美学中，美育观念得到了更为广泛的应用和发展。一些哲学家和艺术家认为，审美教育可以培养人们的批判精神和创新能力，提高人们的文化素养和生活质量。西方美育思想的发展历程中，不同的哲学家、艺术家和教育家都强调了审美教育在培养人的审美判断力、创造力和文化素养等方面的重要性。这些思想观念对于现代美学和教育的发展有着重要的启示作用。

西方美育思想的发展历程是一个多元化的过程，不同的时期和人物都有不同的美育理念和实施方式。然而，无论在哪个时期，美育都被认为是一种重要的教育方式，可以培养人的审美素养和情感，促进人的全面发展。

西方美育思想在当今社会仍然具有重要的意义和影响。在西方教育体系中，美育被视为重要的教育领域之一，旨在培养学生的审美素养、创造力和表达力。在当今的西方教育中，美育涵盖了多个领域，包括音乐、美术、戏剧、舞蹈等艺术形式。学校通过开设相关的课程和活动，培养学生的审美能力和创造力，促进他们的全面发展。此外，西方社会还存在许多独立的艺术教育机构和组织，为人们提供各种形式的美育教育和艺术活动。现代西方美育思想在流派、代表思想及人物方面展现出多样性。

拓展阅读　现代西方美学代表人物及其思想

一、表现主义美学——克罗齐（Benedetto Croce）、科林伍德（R.G.Collingwood）

他们强调艺术是对主体情感的成功表现，是纯粹主观的、精神性的直觉。艺术的根本目的在于表现主体的情感，而不追求客观真实或功利目的。在这种美学观念下，作品常常呈现出扭曲、夸张甚至荒诞的形式。色彩被极度地强化或扭曲，线条变得粗犷而富有表现力，形象被分解和重组，以营造出一种强烈的视觉冲击和情感张力。现代西方表现主义美学挑战了传统美学对美的定义和审美标准，为艺术创作开辟了新的可能性，让艺术成为个人情感宣泄和精神探索的有力工具，使观众能够在作品中感受到艺术家灵魂深处的震颤和呐喊。

二、心理分析学派——弗洛伊德（Sigmund Freud）

现代西方美学心理分析学派是西方现代美学中具有重要影响力的一支。该学派由奥地利精神病学家西格蒙德·弗洛伊德于19世纪末20世纪初创立，其理论属于心理动力学范畴。他以无意识心理过程和动机为其理论系统的出发点和核心。心理分析学派深入探索了人类心理的深层结构和动力机制，对于理解艺术作品中的深层心理结构和艺术家的创作动机有重要影响，为现代西方美学和心理学的发展做出了重要贡献。

三、接受美学——汉斯·罗伯特·姚斯（Hans Robert Jauss）

他强调读者在艺术作品接受过程中的重要性。接受美学认为，艺术作品的意义和价值是通过读者的接受和解读来实现的，读者的主观感受和理解是艺术作品价值的重要组成部分。艺术作品的意义并非完全由作者赋予，而是在读者的阅读、欣赏和理解过程中得以生成和实现。接受美学的出现，极大地丰富了我们对艺术审美过程的理解，为文学批评和艺术研究开辟了新的途径，使我们更加全面地认识到艺术作品的价值和意义是在作者、作品与读者的相互作用中不断生成和演变的。

第四节　中国美育思想

中国美育思想源远流长，可以追溯到古代的孔子和老子。孔子是中国古代著名的教育家和思想家，他提出了"六艺"教育思想，即通过礼、乐、射、御、书、数六种技能的培养来达到人格的完善（图1-4）。他认为艺术是一种能够陶冶人的情操、培养人的道德品质的方式。老子的"道法自然"思想则强调了自然的美学价值和社会功能。他认为自然是一种和谐、平衡、有序的存在状态，这种状态可以启示人们追求真理、提高道德修养和精神境界。

中国美育思想被视为一种高尚的文化形式，其中包含了强烈的社会意义和教化作用。"礼乐教化"的美育思想在古代有重要的作用。礼仪的严谨性和音乐的感染

图1-4　孔子塑像

力可以培养人的道德情操和修养。这种美育思想可以塑造人格，使人在社会中更加自律自强。古代礼乐活动有一定的礼节规范，参加礼乐活动需要以正确的态度和行为准则表现出对道德规范的尊重和支持。礼乐的教化与规范，能够强化人的信仰使之更加坚定，从而影响人们的思想和行为。

一、"礼乐教化"的美育思想

"礼乐教化"作为一种古老而深远的美育思想，承载着深厚的文化内涵和教育价值，能够培养人内心的情感态度，涵养人的精神世界。"礼"规范人们的行为举止、维护社会秩序并确定人际交往的准则，它通过一系列明确的礼仪、礼节和制度，培养人们自律、尊重和谦逊的品质，使人在社会中举止得体、言行合宜。"乐"则以其优美的旋律、和谐的节奏和动人的情感表达，触动人们的心灵深处。音乐、舞蹈等艺术形式不仅能够带来愉悦和享受，更能陶冶性情、净化心灵。"礼乐教化"将"礼"与"乐"相结合，旨在通过外在的规范和内在的情感陶冶，达到塑造完美人格和构建和谐社会的目的。它强调通过参与和体验礼乐活动，培养人们的道德修养、审美情趣和社会责任感。"礼乐教化"的美育思想在古代起到了重要的作用，对古代社会的文化、教育、政治等方面产生了深远的影响。

总之，"礼乐教化"的美育思想是一种综合性、全方位的育人理念，它以独特的方式培养人的品德、修养和审美，促进社会的文明与进步，是中华民族传统文化中的瑰宝，对当代的教育和社会发展仍具有重要的启示和借鉴意义。

二、中国美育思想的发展阶段

1. 萌芽期

先秦时期是中国美育思想的萌芽期，以孔子、老子、庄子等为代表的思想家和教育家提出了许多有关美育的思想。在这一时期，孔子的论述中蕴含了丰富的美育思想。他提出"兴于诗""成于乐"，这被视为我国美育思想的萌芽，也是孔子总结出的育人成才的规律。这些思想主张通过艺术和审美活动来培养人的道德品质和审美趣味，并强调了艺术和审美对于人的修养和教化的重要作用。诗和乐在孔子的教育理念中具有重要地位，它们不仅能够鼓舞人的精神、陶冶人的情感，还能使人的行为规范和道德标准更加融洽。这种思想体现了孔子对人的全面发展的重视，强调在培养人的过程中，不仅要注重规范人的道德，还要借助艺术的感染力来提升人的内在修养。

其他诸子百家也对美育思想有所阐释。儒家的荀子重视审美教育，认为通过审美教育可以将人的"好恶之情"引向好善，从而达到"移风易俗"的目的，艺术具有"化性起伪"的审美作用。道家的老子主张"无为而无不为"。庄子则重视个人的审美修养，认为审美是超功利的，强调依靠人内在的审美修养去领悟自然无为的"道"，从而获得"至美"。

2. 发展期

到了秦汉时期，美育思想开始与社会政治和伦理道德紧密结合。魏晋南北朝时期，美育思想在追求个性解放和审美自由方面有了显著的发展。文人士大夫崇尚自然，追求艺术的精神境界，使美育更加注重个体情感的表达和审美体验的独特性。此时，中国美育思想逐渐发展起来，并形成了多元化的特点。在这个时期，佛教禅宗的传入和道家思想的兴起对美育思想产生了深远的影响。同时，审美实践也在不断拓展，出现了诸如书法、绘画、诗歌等多样化的艺术形式。这些艺术形式不仅体现了当时社会的审美趣味和文化精神，也为后世的审美教育和文化传承奠定了基础。唐宋时期，文化艺术的繁荣推动了美育思想的进一步深化。诗词、绘画、书法等艺术形式达到了高峰，美育不仅成为文人雅士陶冶性情的方式，也逐渐融入了平民百姓的生活。

3. 转型发展期

宋代，儒家道德美学重新收复失地并成为主流。这一时期的美学思想在多个方面得到了发展和深化。宋代的文人画开始兴起，强调笔墨情趣和个人情感的表达，注重意境的营造，通过简洁的形式传达出深远的内涵，体现了对自然、人生的独特感悟。到了元朝，美育思想继续发展。元杂剧在这一时期达到了高峰，成为一种重要的艺术形式。元杂剧融合了音乐、舞蹈、表演等多种艺术元素，通过丰富的故事情节和生动的人物形象，展现了社会生活的各个方面，具有较高的审美价值。到了明清时期，中国美学进入综合期，涌现出众多总结性的美学论著。小说、戏曲等文学艺术形式蓬勃发展，其中蕴含了丰富的美育思想。在明清的美育思想中，既继承了前代儒家、道家等思想的传统，又进一步融合了市民文化和世俗情趣。

4. 近代发展期

近代中国美育思想主要指民国时期的美育思想，此时西学东渐的浪潮对中国传统美育思想产生了巨大冲击。众多知识分子积极引入西方的美育理念，与中国本土的文化传统相互交融。蔡元培是民国时期美育思想的重要倡导者，他提出"以美育代宗教"的观点，强调美育在塑造人格、培养全面发展的个体方面的重要作用。蔡元培认为，美育能够陶养人的情感，使人超越功利，培养高尚的道德情操和审美情趣。除此之外，梁启超、王国维、鲁迅、朱光潜等人也是具有代表性的美育思想家。他们认为，要改变国家的现状，当务之急是改变人的精神状态而非提高物质生活标准。通过振奋人的精神、唤醒人的觉悟来实现救国的目的。其中，梁启超十分注重审美教育的作用，甚至一度将审美教育作为启蒙人们的精神和促进社会发展的重要理论武器。

在教育领域，民国时期开始重视艺术教育在学校教育中的地位。美术、音乐等课程逐渐纳入学校的教学体系，为学生提供了接触和学习艺术的机会，旨在培养学生的审美能力和创造力。同时,一些文化团体和艺术家也积极推动美育的普及。他们通过举办艺术展览、演出等活动,让更多的民众能够接触和欣赏艺术,提高大众的审美水平。此外,民国时期的文学创作也蕴含着丰富的美育思想。新文学运动中的作家们以犀利的笔触和独特的视角,揭示社会现实,呼唤人性的觉醒,激发人们对真善美的追求。这一时期的美育思想为后来中国美育事业的发展奠定了基础,开启了中国现代美育的新篇章。

5. 现代发展期

现代美育思想主要指新中国成立之后的美育思想发展历程。在新中国成立初期,美育主要服务于社会主义建设,强调培养具有社会主义觉悟和审美素养的劳动者。这一时期的美育注重普及性和实用性,通过群众文化活动、宣传画等形式,激发人们对社会主义建设的热情和对美好生活的向往。改革开放以来,随着经济的快速发展和社会的全面进步,美育思想得到了进一步的拓展和深化。人们更加注重个体的全面发展,美育不再仅仅服务于政治和经济,而是关注个体的审美能力、创造力和人文素养的提升。

进入21世纪,中国现代美育思想呈现出多元化和国际化的趋势。一方面,传统文化中的美育元素得到了重视和重新挖掘,如书法、戏曲等传统艺术形式在美育中的作用得到了更多的关注;另一方面,国际上先进的美育理念和方法也被引入国内,促进了美育思想的交流与融合。此外,社会各界对美育的重视程度不断提高。美术馆、博物馆、剧院等文化设施日益增多,为公众提供了丰富的审美资源。互联网的发展也为美育的传播提供了新的渠道,各种在线艺术课程和艺术活动让美育更加普及和便捷。近年来,一些城市举办的公共艺术活动,让艺术走出美术馆和博物馆,融入城市空间,使更多市民能够在日常生活中接触和感受艺术之美。一些学校开展的"非遗进校园"活动,让学生亲身体验传统工艺的魅力,传承和弘扬了中华优秀传统文化中的美育价值。

拓展阅读 中国美育思想代表人物

孔子:孔子主张"仁",而美育是实现"仁"的重要途径,认为"兴于诗,立于礼,成于乐"。孔子提出"尽善尽美"的人格理想,认为人格美是内在的仁爱之心与外在优雅形象的完美统一,他倡导人们通过不断修养身心,达到完善的人格境界。这种人格理想强调了道德品质的重要性,并以此为基础,提出了以"仁"为核心的美育观念。

老子:他主张"道法自然",认为美的本质在于自然和宇宙的和谐与平衡,主张通过对自然和宇宙的观察和思考来提高人的智慧和境界。

庄子：他的美育思想主要是通过对自然和宇宙的观察和思考，来培养人的审美趣味和智慧。

荀子：他认为美的本质在于人的本质力量的对象化，主张通过艺术和审美活动来表现和弘扬人的本质力量，提高人的精神境界和道德水平。

董仲舒：汉代董仲舒也提出了一些与美育相关的观点。他强调礼教对于规范人们行为和培养品德的重要性，认为礼教可以引导人们追求善与美。虽然其目的更多的是维护社会秩序和统治，但其中也包含了一定的美育成分。

颜之推：南北朝时期的著名学者和文人，他的美育观在其著作《颜氏家训》中有较多体现。他重视美育的作用，强调后天教育对人的审美发展的重要性。他认为通过艺术和文化的教育，可以培养人的品德和修养。

张璪：唐代张璪提出"外师造化，中得心源"的观点，强调艺术家要向自然学习，同时通过内心的感悟和创造来表现自然，这一观点对后世中国绘画美学产生了深远影响。

王维：唐代王维的默语说、气应物美说体现了他对自然美的独特感悟和审美追求。他的诗作富有禅意，充满了闲逸、闲雅之美，有助于人们远离喧嚣、回归田园、调理性情，纯化、美化、深化心灵。

朱熹：作为宋代理学的集大成者，朱熹的美育思想强调以"理"为本。他认为通过道德修养和学习经典，可以达到心灵的净化和人格的完善。在教育中，他注重引导学生通过对诗歌、文章的研读来培养道德情操和审美能力。

苏轼：他的美育观念体现在其文学和艺术创作中。苏轼主张审美应追求自然天成、自由洒脱，反对刻意雕琢。他提倡在生活中发现美，以乐观豁达的态度对待人生的起伏，其作品充满了对生活的热爱和对美的独特感悟。

黄公望：元代画家，以书画为寄托，以水墨或浅绛色作画，淡墨干皴，苍润浑厚。其传世作品《富春山居图》以苍润精练的笔墨和优美动人的意境，描绘了浙江富阳、桐庐一带的山容水貌及富春江上的旖旎风光。他还著有《写山水诀》一篇，论述山水画法，在剖析画法中不忽视师法造化。

王阳明：明代思想家、哲学家，他提倡的"心学"美育观以"乐"为本体依据，通过致良知而实现天人合一的人生审美境界。其美育观具体表现为身心合一、事必躬亲的美育实践，强调在美育实践中身心践履。"心学"美育观的最终目的及归宿是理想人格和人生境界的生成与实现，到达一种"万物一体"与"情顺万物而无情"的理想人格与境界。

郑板桥：清代画家，以画竹闻名，他的作品不仅展现了竹子的形态之美，更传达出一种坚韧、正直的精神品质。他主张艺术要反映生活，表现真情实感。

梁启超：近代著名的思想家和教育家，强调美育在培养"新民"中的重要作用。他认为通过美育可以塑造具有健全人格、高尚情操和审美能力的新国民。他倡导趣味教育，认为趣味是生活的原动力，也是人生价值的关键所在。他主张通过培养人们对生活的趣味，来提升其审美素养和生活品质。

蔡元培：近现代美育的重要倡导者和推动者，他认为美育具有独特的价值，它可以超越功利，陶养人的情感，使人具有高尚纯洁的习惯，消除人我之见和利己损人之思念。他主张"以美育代宗教"。

鲁迅：近代重要文学家，他深刻洞察到当时中国社会的种种弊病，希望通过美育来唤醒民众的精神，改变麻木、愚昧的状态。他强调真实和深刻在美育中的重要性，主张艺术应当反映社会现实，揭示生活的真相，而不是粉饰太平。

三、中国美育思想的意义

第一，传承中华文化。注重传承和弘扬中国美育思想有助于维护中华文化的独特性和多样性，增强民族认同感和文化自信心。

第二，培养审美人格。注重培养人的内在品质和道德修养，通过审美活动来提升人的精神境界和智慧水平。在当代社会，人们往往过于追求物质利益和表面上的娱乐，而忽视了内心的需求和人格的成长。因此，推广中国美育思想可以帮助人们培养健康的人格和良好的审美情趣，提高自身素质和幸福感。

第三，促进文化创新。在当代社会，随着科技的发展和全球化的推进，各种文化交流和融合的机会越来越多。通过借鉴和吸收中国传统美育思想的精髓，可以促进当代艺术和文化的创新和发展，推动中华文化走向世界。

第四，推动社会和谐。中国美育思想强调和谐、平衡、中庸之道，这种理念对于推动当代社会的和谐发展具有重要的指导意义。在当代社会，人们往往因为利益冲突、价值观差异等原因产生矛盾和冲突。通过推广中国美育思想，可以帮助人们树立正确的价值观和审美观，促进人与人之间的和谐共处，推动社会的稳定与繁荣。

第五，完善教育体系。中国美育思想是教育中不可或缺的一部分，中华美育是现代美育发展的基础，是与智育、德育、体育相互补充的重要组成部分，共同促进学生的综合素质提升。

四、新时代中国美育思想的创新发展

首先，新时代中国美育思想应坚持中华文化自信。在新时代推进中国美育思想的创新发展，必须坚持中华文化的自信和自尊。我们要深入挖掘中国传统美育思想的精髓和特色，传承和弘扬中华文化的优秀传统，同时也要积极借鉴世界各国文化的有益元素，推动中华文化走向世界。

其次，加强美育教育，传承中华美育精神。加强美育教育是推进中国美育思想创新发展的基础。在中小学和高校中开设美育课程，让中华优秀传统文化进课堂、进教材、入脑入心，培养学生的审美情趣和艺术鉴赏能力。同时也要加强以中华优秀传统文化为基础的社会美育教育，通过各种渠道和形式向公众普及美育知识，提高全民的美育素质。

再次，支持艺术创作与文化产业发展。立足现代美育与社会经济发展，全社会加大对艺术创作和文化产业发展的支持力度，鼓励优秀艺术作品的创作和文化产业的发展。同时也要加强对文化市场的监督和管理，保障文化市场的健康有序发展。此外，加强与世界各国文化的交流与融合，借鉴和吸收世界各国文化的有益元素，推动中华文化的创新和发展。同时也要积极传播中华文化，让世界更好地了解和认识中华文化。

最后，强化数字与智能发展背景下的美育建设。随着科技的发展和数字化时代的到来，积极推动中国美育思想的数字化与智能化发展意义重大。通过开发数字化艺术作品和文化产品，以及智能化艺术教育和文化旅游等方式，让更多人感受到中国美育思想的独特魅力和价值。

由此可见，在新时代推进中国美育思想的创新发展具有重要的意义和价值。我们要坚持中华文化自信，加强美育教育，支持艺术创作与文化产业发展，促进文化交流与融合，以及推动数字化与智能化发展等，不断推进中国美育思想的传承与创新发展，为建设美丽中国和实现中华民族伟大复兴贡献力量。

第二章
艺术美与艺术欣赏

第一节　什么是艺术

第二节　艺术欣赏

第一节　什么是艺术

艺术是一种社会意识形态，是人类创造的精神产品，它以各种形式展现出人类的情感、想象和理想。艺术不仅具有审美价值，还蕴含着深刻的文化内涵和思想意义，是人类文化的重要组成部分。艺术是情感的抒发与传递，通过绘画、音乐、舞蹈、文学等各种形式，将情感、想法和体验转化为可见、可听或可感的作品，引发观众或读者的共鸣。艺术是对现实的反映与超越，它既可以真实地描绘出社会的种种现象、人类的生活状态，也能够凭借想象力和创造力构建出超越现实的世界。艺术是美的创造与展现，无论是优美的线条、和谐的色彩、动人的旋律还是精彩的故事，艺术都致力于呈现出各种形式的美，给人们带来视觉、听觉或心灵上的愉悦和震撼。艺术是文化的传承与创新，它承载着一个民族、一个时代的文化记忆和价值观念，同时又不断推陈出新，为文化的发展注入新的活力和元素。艺术是对思想的启迪与探索，优秀的艺术作品往往蕴含着深刻的哲理和感悟，能够激发人们对人生、世界、道德等重大问题的深入思索，拓展思维的边界。

一、艺术的定义

艺术是一种通过创造具有审美价值的作品来表达人类情感、思想、信仰和观察力的活动。它通常利用某种媒介（如绘画、雕塑、音乐、舞蹈、戏剧、电影、文学等）来塑造形象、传达意义和引发情感共鸣。这个定义强调了艺术的几个核心要素：艺术体现创造性，艺术是一种创造性的活动，它要求艺术家运用独特的想象力和创造力来构思和创作作品。艺术体现审美价值，艺术作品通常具有审美价值，即它们能够引起观众的美感和愉悦感。这种审美价值可以是形式上的（如色彩、线条、节奏等），也可以是内容上的（如主题、情感、思想等）。艺术体现表达性，艺术是一种表达人类情感、思想和观察力的方式。通过艺术作品，艺术家可以传达他们对世界的理解和感受，与观众进行情感上的交流。艺术体现媒介多样性，艺术可以利用各种媒介来表达，包括绘画、雕塑、音乐、舞蹈、戏剧、电影、文学等。每种媒介都有其独特的表现方式和语言，使得艺术能够以多样化的形式呈现。艺术体现文化性，艺术作品往往承载着特定的文化意义和象征，通过它们人们可以更好地理解和欣赏不同文化的独特之处。

由此可见，艺术的定义并不是一成不变的，它随着时间和文化的变化而不断演变。不同的人和文化对艺术的理解和定义存在差异。因此，以上定义只是一种常见的理解方式，艺术本身是一个开放而多元的领域，值得我们去探索和发现。

二、艺术的种类和形式

1. 视觉艺术

（1）纯艺术

绘画：这是一种通过颜料、画笔在各种材质（如画布、纸张等）上创作的艺术形式。包括油画、水彩画、水墨画、素描等。

雕塑：使用各种材料（如石头、金属、木材等）通过雕刻、塑造等手法创作三维立体的艺术作品。比如，米开朗基罗的《大卫》展现了人体的完美比例和力量。

书法：以汉字为载体，通过笔墨的运用和字体的结构、线条展现艺术美感。

摄影：通过相机捕捉瞬间，以光影、构图等表现艺术主题和情感。

装置艺术：使用现成物品或材料在特定空间中进行组合和布置，创造出具有特定意义和氛围的艺术作品。

行为艺术：艺术家通过自身的身体动作和行为来表达艺术观念和情感。

影像艺术：包括实验电影、录像艺术等，运用动态影像和声音来传达艺术理念。

综合材料艺术：融合多种材料和技法进行创作，突破传统艺术形式的界限。

（2）设计艺术

平面设计：涵盖标志设计、海报设计、书籍装帧设计、包装设计、字体设计等。

室内设计：专注于对室内空间的规划、布局、装饰和功能优化，包括住宅室内设计、商业空间设计等。

景观设计：主要负责室外空间的规划和设计，如公园、花园、城市广场等。

工业设计：包括产品设计、交通工具设计等，注重产品的外观、功能和用户体验。

服装设计：涉及服装的款式、面料、色彩搭配等方面的设计。

珠宝设计：专注于珠宝首饰的创意和制作设计。

网页设计：负责网站的页面布局、视觉效果、用户交互等方面的设计。

动画设计：包括角色设计、场景设计、动画制作等，用于影视、游戏等领域。

游戏设计：涵盖游戏玩法、角色设定、场景构建等方面，以创造吸引人的游戏体验。

交互设计：关注人与产品、系统之间的互动和交流方式。

2. 表演艺术

戏剧表演：这是通过演员在舞台上表演来讲述故事的艺术形式。如话剧、歌剧、舞剧、戏曲（包括昆曲、京剧、各种地方戏）、音乐剧等。

舞蹈表演：以身体的动作、姿态和韵律来表达情感和故事。主要包括芭蕾舞、现代舞、民族舞、爵士舞等多种形式。

音乐表演：包括声乐表演（如歌剧演唱、流行歌曲演唱）和器乐表演（如钢琴演奏、小提琴演奏）。

杂技表演：演员凭借高超的身体技巧和平衡能力完成惊险刺激的动作，如空中飞人、柔术等。

魔术表演：通过巧妙的手法和道具创造出令人惊奇的效果。

曲艺表演：以口头语言说唱的方式进行表演，给观众带来欢乐和思考。如相声、京韵大鼓、苏州评弹、山东快书等。

小品表演：通常以短小精悍的形式，通过幽默的情节和生动的表演反映社会生活。

脱口秀表演：表演者以幽默风趣的语言讲述个人经历、观点和社会现象。

3. 语言艺术

文学：这是语言艺术的重要形式之一，包括诗歌、小说、散文等。诗歌以凝练的语言和独特的韵律传达情感和思想，小说通过构建复杂的人物关系和情节展现广阔的社会生活画卷，散文则以灵活自由的形式抒发作者的真情实感。

演讲：在公开场合，通过清晰、有力的语言表达观点、激发情感或传达信息。

朗诵：对文学作品进行富有感情和表现力的诵读，通过声音的魅力展现作品的内涵。

播音主持：包括新闻播音、节目主持等，要求具备清晰准确的发音、良好的语言组织能力和应变能力。

辩论：双方就某个论题展开争论，通过逻辑推理和语言技巧阐述观点、反驳对方。

4. 影视艺术

电影：是通过影像、声音、表演等多种元素综合呈现的艺术。电影类型丰富，包括剧情片、纪录片、动画片等。

电视：是通过电视媒介播放的影视作品，形式与电影类似，但通常具有更长的播放时间和更广泛的观众群体。

纪录片：主要包括人物纪录片，聚焦特定人物的生活和经历；历史纪录片，讲述历史事件和发展；自然纪录片，展示大自然的奇观和生态等。

动画片：主要包括二维动画，通过手绘或电脑绘制的平面图像构成；三维动画，利用三维建模和渲染技术创建逼真的角色和场景。

此外，还有实验电影、微电影等新兴的影视艺术类别，不断丰富着影视艺术的表现形式和内容。

三、艺术的特点

艺术具有多种特点，这些特点使得艺术在人类文化和社会中占据着重要的地位。

1. 审美性

审美性是艺术作品的基本特点之一。艺术作品是艺术家通过对社会生活和自然世界的观察、感悟和创作，形成的具有独特魅力和审美价值的作品。它们能够满足人们的审美需求，引起情感共鸣，带给人们愉悦和享受。艺术的审美性贯穿于作品的整体，包括形式、内容、风格和技巧等方面。

2. 创造性

创造性是艺术的灵魂。艺术作品是艺术家独特思考和创造力的结晶，通过独特的表现手法和技巧展现出新的个性和风格。艺术的创造性不仅体现在作品的构思和技巧上，还体现在作品的内涵和思想上。只有具备创造性的作品才能成为真正的艺术品，获得持久的魅力和价值。

3. 文化性

艺术作品具有深刻的文化内涵和背景。它们反映了不同时期、不同地域、不同民族的文化传统和社会生活，是文化传承的重要载体。艺术作品不仅能够传达美的感受和情感体验，还能够传递历史、社会和人类学的信息。它们是文化多样性和文化交流的重要媒介。

4. 情感性

情感性是艺术的又一显著特点。艺术作品是艺术家情感和感受的表达，通过各种形式向观众传递情感信息。艺术作品能够触动观众的情感，使观众产生共鸣和情感体验。情感性是艺术作品的生命力所在，是艺术家与观众之间沟通的桥梁。

5. 多样性

多样性是艺术最显著的特点之一。艺术的多样性体现在艺术形式、风格、技巧和题材等方面。从绘画、雕塑、音乐到戏剧、电影、舞蹈等，每种艺术形式都有其独特的表现方式和语言。同时，不同的艺术家也有自己独特的风格和创作方法，使得艺术作品丰富多彩，充满了变化和可能性。

拓展阅读　不同文化背景下艺术作品的特征

欧洲文艺复兴时期的艺术作品：文艺复兴时期是欧洲艺术史上的重要时期，在15世纪到16世纪间迅速兴起并发展成熟。这一时期的艺术作品主张人文主义思想，追求恢复古典文化和理性思维，并表现出对人体和自然的真实描绘。此外，宗教改革和地理大发现的影响也在文艺复兴时期的艺术作品中得以体现。

巴洛克时期的艺术作品：巴洛克时期是欧洲17世纪到18世纪的一个艺术时期，它以丰富多样的装饰和戏剧性的风格而闻名。这一时期的艺术作品呈现出豪华、浮华的特点，同时也反映了当时宗教改革和政治动荡的背景。

现代主义艺术作品：现代主义是20世纪初到第二次世界大战后的一种艺术思潮，强调个人表达和探索创新。现代主义艺术家在创作中运用新的形式、材料和技术，打破传统规则和美学观念，追求创新和表达个人情感。例如，立体主义、表现主义、未来主义等都是现代主义的代表流派。

东方艺术作品：东方艺术作品具有独特的风格和内涵。例如，中国画注重笔墨和意境，追求气韵生动；日本浮世绘则以细腻的描绘和装饰性风格著称；印度艺术则充满了浓郁的宗教和神话色彩。这些东方艺术作品都具有丰富的文化内涵和独特的美学特征。

当代艺术作品：当代艺术作品涵盖了各种形式和媒介，包括绘画、雕塑、装置艺术、摄影、表演艺术等。当代艺术家在创作中注重探索新的表达方式和媒介，关注社会和文化议题，以及探索人类经验和身份认同等问题。作品常常具有跨文化和跨学科的特点，反映了当代社会的多元性和复杂性（图2-1）。

不同文化背景下的艺术作品具有各自独特的特点和风格，反映了不同文化背景下的历史、传统、价值观和生活方式等。了解不同文化背景下的艺术作品有助于我们更好地理解和欣赏各种艺术的魅力。艺术与人类发展有着密切的联系。艺术不仅丰富了人类的精神世界和文化生活，还促进了人类社会的进步和发展。

图2-1 《气球狗》美国波普艺术家杰夫·昆斯

第二节　艺术欣赏

艺术欣赏是一种对艺术作品深入理解和感受的过程,具有帮助人们获得美的享受、增强文化素养、拓宽视野、促进创新思维等多方面的意义。

一、艺术欣赏的定义

艺术欣赏是指人们通过感知、体验、理解和评判等一系列心理活动,对艺术作品进行品鉴和领悟的过程。在艺术欣赏中,人们运用自己的感官直接接触艺术作品的形式、色彩、线条、声音等元素,形成初步的感知。随后基于个人的生活经验、文化背景、知识储备和情感状态,深入地体验作品所传达的情感、思想和内涵。

艺术欣赏主要包括理解艺术作品和评判艺术作品。理解艺术作品则需要对其创作背景、作者的生平与创作风格、所属的艺术流派等方面有一定的了解,从而更准确地把握作品的意义和价值。评判是在理解的基础上,对艺术作品的艺术价值、审美价值以及社会影响等方面做出个人的评价和判断。

二、艺术欣赏的特点

1. 主观性与个体差异

每个人对艺术作品的欣赏和理解都带有强烈的主观性。由于生活经历、文化背景、性格爱好以及当时的心境不同,人们对同一艺术作品的感受和评价大相径庭。比如一幅抽象派的画作,对于有些人来说是充满激情和创造力的表达,而对于另一些人只是一堆混乱的线条和色彩。

2. 情感共鸣与体验

优秀的艺术作品往往能够触动欣赏者内心深处的情感,唤起人们曾经的回忆、梦想,或者引发对人生、世界的思考。当我们沉浸在一首动人的音乐中,或是被一部深刻的电影所打动时,那种情感上的共鸣和全身心的体验,让我们与艺术作品建立起一种特殊的联系。

3. 多样性与包容性

艺术的世界广袤无垠,涵盖了各种形式、风格和主题。从古典的绘画到现代的装置艺术,从传统的戏曲到先锋的实验戏剧,艺术欣赏的范围极为广泛。这种多样性使得每个人都能在艺术的海洋中找到与自己产生共鸣的作品,同时也要求我们以包容的心态去接纳和理解不同类型的艺术表达。

4. 互动性与参与性

欣赏艺术并非只是被动地接受，而是一种主动互动和参与的过程。我们会根据自己的认知和想象去解读作品，赋予其新的意义。有时，艺术作品还会激发我们的创造力，促使我们以自己的方式进行回应，比如创作相关的作品或者参与讨论和分享。

5. 渐进性与深化

随着我们对艺术知识的积累、审美能力的提高以及人生阅历的丰富，对同一艺术作品的欣赏会不断深化和拓展。初次接触只是被表面的形式所吸引，而后续的欣赏则能发现更多隐藏在背后的内涵和价值。

三、艺术欣赏的意义

1. 获得美的享受

艺术欣赏最直接的意义就是带给我们美的享受。通过欣赏艺术作品，我们可以感受到美的形象、色彩、线条和韵律等元素，从而产生愉悦和满足的情感体验。这种美的享受可以让我们放松身心，减轻压力，提高生活质量。

2. 塑造良好的人格

艺术欣赏有助于塑造良好的人格。通过欣赏艺术作品，我们可以受到作品中蕴含的优秀品质和思想的影响，从而在潜移默化中培养自己的高尚情操和道德素养。通过欣赏优美的音乐作品，我们可以培养出对美好事物的热爱和追求；通过欣赏坚韧不拔的雕塑作品，我们可以学习到勇敢和坚强的品质。

3. 增强文化素养

艺术作品是文化的重要载体，通过艺术欣赏可以增强我们的文化素养。在欣赏过程中，我们可以了解不同时期、不同地域、不同民族的艺术风格和历史文化背景，从而拓宽我们的知识视野和文化素养。通过欣赏不同文化的艺术作品，我们可以更好地理解和尊重不同文化之间的差异，增强跨文化交流的能力。

4. 激发创造力和想象力

艺术欣赏有助于激发我们的创造力和想象力。当我们欣赏艺术作品时，我们不仅是在欣赏别人的创作成果，更是在激发自己的创作欲望和想象力。通过观察和分析艺术作品中的表现手法、形象塑造和情感表达，我们可以从中汲取灵感，进而运用到自己的创作中。这种创造力和想象力的激发可以推动我们在各个领域中取得更好的成绩和发展。

5. 培养情感表达和沟通能力

艺术欣赏还可以培养我们的情感表达和沟通的能力。通过欣赏艺术作品，我们可以更好地理解和感受作品中所表达的情感和思想，从而培养自己的情感表达能力和沟通技巧。这种能力可以让我们更好地与他人交流和相互理解，促进人际关系的和谐发展。

艺术欣赏具有丰富的意义和价值，不仅有助于人们享受美、拓宽视野、促进创新思维、增强文化素养，还有助于塑造良好的人格、提供精神寄托和心灵安慰、激发创造力和想象力、促进身心的健康和平衡，以及推动艺术的发展和创新。因此，我们应该重视艺术欣赏的重要性，积极参与艺术欣赏活动，了解并欣赏艺术的魅力。只有这样，我们才能在艺术的熏陶下更好地认识世界、丰富内心、提升自我，共同创造一个更加美好的世界。

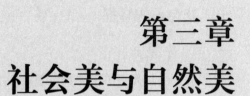

第三章
社会美与自然美

第一节　社会美
第二节　自然美

第一节 社会美

社会美是指现实生活中社会事物的美,存在于人类社会生活的各个领域,特别是那些直接呈现人类生活实践成果的领域。它主要侧重于人的社会实践,包括人的生产实践、社会实践以及人类生活中的其他实践活动。在这些活动中,人类通过自己的智慧和才能,努力改变着周围的世界,使世界更加符合人类的需要和理想。这种按照美的规律创造出来的美,就是社会美。

一、社会美的特征

1. 实践性

社会美来源于人类的社会实践,是在人类改造自然、社会以及人类自身的过程中形成的。实践是社会美的核心和基础。只有在实践中,人们才能不断地发现美、创造美,使美从潜在的可能性转化为现实的存在。

2. 历史性

社会美具有历史性。它随着历史的发展而不断变化,反映出不同历史时期、不同社会形态的特点和人类的进步与变化。在不同的历史时期,人们对美的理解和追求不同,因此社会美的内容和形式也会有所不同。

3. 民族性

社会美具有民族性。不同民族因其历史、文化、地理等方面的差异,形成了各自独特的审美观念和艺术风格。在社会美的表现上,民族性往往渗透在人们的日常生活、习俗、宗教信仰等方面,使得社会美具有丰富多彩的特点。

4. 文化性

社会美还与文化密切相关。文化是人类在社会生活中创造出来的一种精神成果,它对社会美的形成和发展具有重要影响。不同的文化传统和价值观念,会影响人们对美的认知和追求,从而形成不同的社会美形态。

5. 动态性

社会美具有动态性。它随着社会实践的发展而不断变化,呈现出不断更新、不断发展的状态。这种动态性使得社会美具有无限的创造性和生命力,不断地推动着人类社会的进步和发展。

二、社会美的表现形式

1. 人的美

人的美是社会美的重要组成部分,包括人的外在美和内在美两个方面。人的外在美主要指人的外貌、仪态等方面的美；内在美则指人的思想、品德、智慧等方面的美。人的美是人们在日常生活中最为关注的一种美，它不仅反映了人的个性和特点，也体现了人类对美的追求和创造。

2. 服饰美

服饰美是社会美的一个重要方面，是指人们在特定场合下所穿戴的服装、饰品等的美。服饰美不仅反映了人们的审美情趣和文化修养，也体现了社会的时代风貌和精神文明程度。在现代社会中，服饰已经成为人们展示自我、追求个性的一种重要手段。

3. 建筑美

建筑美是社会美的又一重要方面，是指建筑作品在满足实用功能的同时，所具有的审美价值和文化意义。建筑不仅是人们生活的场所，也是人们审美追求的重要体现。不同的建筑风格和形式，反映了不同的时代特征和文化传统。

4. 仪式美

仪式美是指人们在特定场合下所举行的仪式、礼节等的美。仪式是人们生活中不可或缺的一部分，它不仅具有实际的意义和作用，也具有审美和文化价值。仪式美通过特定的形式和程序，传达人们的思想、情感和文化传统，成为社会生活中一道亮丽的风景线。

5. 环境美

环境美是指人们生活环境的美化与装饰，包括自然环境的美化和人工环境的美化两个方面。自然环境的美化主要指对自然景观的保护和开发；人工环境的美化则指人们通过自己的努力和创造对生活环境的打造与优化。环境美的创造是人类对自然和社会的积极贡献，也是人类文明发展的重要标志之一。

总之，社会美的表现形式多种多样，涵盖了人的生活、文化、艺术等各个方面。无论是人的外在美还是内在美，无论是服饰、建筑还是环境的美化，都是人类对美的追求和创造的体现。这种追求和创造不仅丰富了人类的精神世界和文化生活，也推动了社会的进步和发展。

三、社会美的功能

社会美的功能是多方面的，它既体现了美的共性，又展示了美的特性。下面将从几个方面来阐述社会美的功能。

1. 审美教育功能

社会美通过各种表现形式，对人们进行审美教育。通过观赏美的景物、欣赏美的艺术、参与美的活动，人们可以提高自己的审美能力和艺术素养，培养自己的审美情趣和审美观念。这种审美教育功能对于提升人的全面素质和推动社会的文明进步具有重要意义。

2. 文化传承功能

社会美是人类文化的重要载体，它具有传承文化的功能。通过对美的追求和创造，人们可以将自己的文化传统、价值观念、道德规范等传递给下一代，使文化得以延续和发展。这种文化传承功能对于维护社会的稳定和推动文化的创新具有重要意义。

3. 社会调节功能

社会美具有社会调节功能。通过对美的追求和创造，人们可以调节自己的行为和情感，达到心灵的和谐与平衡。同时，美的事物也可以成为社会的黏合剂，促进人与人之间的交流和沟通，增强社会的凝聚力和向心力。这种社会调节功能对于维护社会的和谐与稳定具有重要意义。

4. 精神愉悦功能

社会美具有精神愉悦功能。通过对美的欣赏和体验，人们可以获得精神上的愉悦和满足，缓解压力和疲劳，增强身心健康。这种精神愉悦功能对于提高人们的生活质量和幸福感具有重要意义。

5. 经济价值功能

社会美还具有经济价值功能。美的事物可以为商品和服务增添附加值，提高商品和服务的市场竞争力。同时，美的产业可以成为经济发展的重要推动力，为社会创造财富和就业机会。这种经济价值功能对于推动经济的发展和提升国家的竞争力具有重要意义。

四、社会美的创造与发展

1. 多元化趋势

随着全球化进程的加快和文化交流的增多，不同民族、不同地域、不同文化之间的美学观念和审美趣味相互交融和影响，形成了多元化的美学格局。这种多元化趋势为社会美的创造与发展提供了更加广阔的空间和可能性。

2. 创新性发展

创新性成为社会美的创造与发展的重要特性。只有不断地创新和探索，才能创造出具有时代特征和个性特点的社会美形态。这种创新性推动着艺术家和设计师不断地挑战传统、突破陈规、探索新的艺术形式和表现方式。

3. 可持续性发展

可持续性发展成为社会美的创造与发展的重要理念。这意味着在追求美的同时，要关注自然环境的保护和资源的可持续利用，实现人与自然的和谐共生。这种可持续性发展理念推动着艺术家和设计师在创作中关注环保、节能、低碳等议题，创造出具有生态意识和人文关怀的社会美形态。

4. 数字化与智能化发展

数字化与智能化技术为社会美的创造与发展提供了新的手段和平台。通过数字技术与智能化技术的运用，可以创造出更加丰富多彩、更具互动性和体验性的社会美形态。这种数字化与智能化趋势推动着艺术家和设计师不断地学习和掌握新技术、新工具和新平台，以适应时代发展的需要。

总之，社会美是美学中的一个重要范畴，它是人类社会实践的产物，是人的内在美与外在美的统一。深入了解社会美的起源、核心、领域、特征及价值，有助于我们更好地理解它的重要性并付诸实践，培养和提高自己的审美素养。

第二节　自然美

自然美是大自然所赋予的未经人工雕琢的原始之美，它不依赖人类的意识和创造而存在，是自然界中各种事物的形态、色彩、声音、质感等自然属性所构成的美。它是自然界中各种元素，如山川、河流、森林、海洋、星辰等，凭借其自身的形态、色彩、质地、声音和规律所展现出来的和谐与魅力。自然美并非人类主观臆造的产物，而是客观存在于天地之间，独立于人类的意识和感知。

自然美的概念涵盖了广泛而多样的范畴。它可以是雄伟壮观的高山峻岭，展现出磅礴的气势和坚韧的力量；可以是广袤无垠的草原，那一片翠绿和风吹草动的动态之美令人心旷神怡；可以是奔腾不息的江河，水流的汹涌与灵动诉说着生命的活力；还可以是静谧深邃的夜空，繁星闪烁传递着宇宙的神秘与浩瀚。

自然美不仅在于外在的表象，更在于其内在蕴含的规律和秩序。四季的更替，春的生机、夏的热烈、秋的丰硕、冬的宁静，形成了一个有序的循环，展示了自然的韵律之美。生物的多样性，从微小的昆虫到庞大的哺乳动物，每一种生命都在自然的舞台上展现着独特的生存智慧和形态之美。

一、自然美的特征

自然美是指自然界中存在的各种美好的事物和景观。它独有的特征和魅力，能够吸引人们的注意力并使人们欣赏。

1. 自然美的多样性

自然美具有丰富多彩的特性，它涵盖了山川、河流、森林、草原、海洋等各种地理形态和自然景观。每个地区都有自己独特的自然风光和特色，使得自然美具有多样性和丰富性。

2. 自然美的季节性

自然美的存在和表现受到季节变化的影响。在不同的季节和气候条件下，自然景观会呈现出不同的特点和美感。例如，春天的花朵、夏天的海滩、秋天的枫叶、冬天的雪景等，都展现了自然美的季节性变化。

3. 自然美的动态性

自然美具有动态变化的特征。自然界中的事物和景观是不断变化和演进的，如日出日落、潮涨潮落、季节更替等。这种动态性使得自然美具有无限的可能性和变化性。

4. 自然美的和谐性

自然美注重和谐与平衡。在自然界中，各种生物和景观之间相互依存、相互制约，形成了一种和谐共生的生态关系。这种和谐性不仅体现在宏观的生态系统中，也体现在微观的生物个体之间。

二、自然美的种类

自然美作为一种丰富多彩、充满魅力的美的形式，涵盖了众多的种类和形态。这些不同种类的自然美，与人类有着密切的关系。

1. 壮丽美

壮丽美是一种震撼人心、令人叹为观止的美。它以雄伟、壮观、气势磅礴为特点，常常体现在高山、大川、森林等自然景观中。例如珠穆朗玛峰的巍峨耸立、黄河的奔腾不息、亚马逊雨林的茂密繁盛，都是壮丽美的典型代表。这种美能够让人们感受到大自然的伟大和力量，引发对生命的敬畏和感激之情。

2. 优雅美

优雅美是一种温婉、和谐、舒适的美。它以柔和、轻盈、典雅为特点，常常体现在花园、公园、湖泊等景观中。例如苏州园林的精致典雅、西湖的波光粼粼，都是优雅美的典型代表。这种美能够让人们感受到大自然的温柔和宁静，带来身心的放松和愉悦。

3. 奇特美

奇特美是一种独特、新奇、引人入胜的美。它以奇异、神秘、新奇为特点，常常体现在一些特殊的自然景观中。例如，美国黄石国家公园的奇特地貌、澳大利亚大堡礁的壮观风光，都是奇特美的典型代表。这种美能够引发人们的好奇心和探索欲望，激发对未知世界的向往和追求。

三、自然美的美学意义

自然美在美学领域具有重要的意义和价值。它不仅是美学理论和实践的重要组成部分，还对人类的生活和文化发展产生了深远的影响。

1. 丰富美学理论

自然美是美学理论和实践的重要研究对象。通过对自然美的研究，可以深入探讨美的本质、特征和表现形式，丰富和完善美学理论体系。同时，自然美也为艺术创作和设计提供了灵感和素材，推动了艺术和设计领域的发展和创新。

2. 提供审美体验

自然美能够给人们带来独特的审美体验和感受，提高人们的审美能力和文化素养。同时，与自然景观的接触和互动还可以让人们感受到身心的放松和平衡，提高生活质量。

3. 培养审美情操

自然美对于培养人们的审美情操具有积极的作用。在欣赏自然美的过程中，人们可以陶冶情操、净化心灵，提高自己的道德水平和精神境界。

4. 促进环境保护

自然美的存在与环境保护有着密切的关系。通过参与环保活动和倡导绿色生活方式，人们可以为保护自然环境和生态平衡做出积极的贡献。

5. 推动旅游发展

自然是旅游业发展的重要资源之一。美丽的自然景观和丰富的生态资源可以吸引大量的游客和投资者，带动地方经济的发展和增加就业的机会。同时，旅游业也可以促进不同地区之间的文化交流和理解，推动社会的和谐与发展。

自然美及其美学意义对于个人和社会都具有重要的价值和意义。通过对自然美的欣赏和理解，人们可以拓展自己的视野和思维，提高自己的审美能力和文化素养，同时也可以为保护自然环境和推动社会发展做出积极的贡献。因此我们应该关注自然美及其美学意义的作用与影响，积极参与到保护和发展自然美的行动中，实现人与自然的和谐共生，促进个人和社会的可持续发展。

四、自然美与人类的关系

1. 审美体验

自然美为人类提供了丰富的审美体验。这种审美体验不仅可以提高人们的审美能力和文化素养，还可以陶冶情操、净化心灵，提高道德水平和精神境界。

2. 生活资源

自然是人类生活的重要资源之一。许多自然景观和生态资源为人类提供了食物、水源、能源等生活必需品。例如，河流湖泊为人类提供了饮用水和灌溉水源，森林为人类提供了木材和燃料等。这些资源对于人类的生存和发展具有重要的意义。

3. 文化象征

自然美常常成为人类文化的象征和代表。许多自然景观被赋予了文化意义和价值，成为人类文化的重要组成部分。例如，中国的长江、黄河被誉为中华民族的母亲河，美国的尼亚加拉大瀑布被视为国家象征之一。这些自然景观不仅具有审美价值，还承载着人类文化的历史和意义。

4. 生态保护

自然美和生态保护有着密切的关系。保护自然环境和生态平衡不仅有助于维护自然美的存在和发展，还可以为人类提供更加健康、安全的生活环境。

五、自然美对人类心灵的影响

自然美不仅为人类生活提供了物质资源，更重要的是对人类心灵产生了深远的影响。当我们置身于壮丽的山川、优美的花园或奇特的景观中时，我们的心灵会感受到一种无法言喻的愉悦和满足。这种感受能够让我们忘却生活的烦恼和压力，找到内心的平静和宁静。

1. 治愈作用

自然美具有治愈作用，能够帮助人们缓解压力和焦虑。研究表明，与自然的接触可以降低血压、心率和皮质醇水平，从而减轻压力和焦虑感。例如，森林浴（在森林中散步）被证明对心理健康有益，能够减轻抑郁和焦虑症状。

2. 激发创造力

自然美能够激发人们的创造力和想象力。艺术家、作家和设计师经常从自然中汲取灵感，创作出独具特色的作品。例如，许多著名的画作和诗歌都是以自然美为主题，通过艺术家的创作展现出大自然的魅力和力量。

3. 促进人际交往

自然美能够促进人与人之间的交往和沟通。在自然景观中，人们更容易放下防备心理，与他人建立联系和交流。露营、徒步等户外活动能够让人们共同分享自然美的体验，增进彼此之间的了解和友谊。

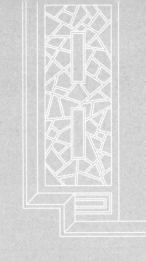

第四章
绘画艺术美

第一节　绘画的分类
第二节　绘画鉴赏
第三节　中国绘画
第四节　外国绘画

第一节　绘画的分类

绘画是一种视觉艺术形式，它通过色彩、线条和构图等元素来表达创作者的审美感受和情感。绘画通常按照工具材料与艺术流派来进行基本分类。此外也可以按照绘画题材、绘画技巧、绘画风格、地域等进行具体的划分。

一、绘画的基本分类

1. 按工具材料分类

绘画可以根据使用的工具和材料的不同分为多种类型，如油画、水彩画、素描、版画等。这些类型的特点和效果各不相同，适合不同的创作需求。

2. 按艺术流派分类

绘画也可以根据艺术流派的不同分为多种类型，如写实主义、抽象主义、表现主义等。这些类型的特点和效果各不相同，适合不同的创作目的和观赏需求。

二、按绘画题材分类

1. 人物画

人物画是以人物形象为主题的绘画，包括肖像画、历史画、宗教画、风俗画等。人物画通常表现人的体态、神态、情感和性格，反映人类社会的各个方面。

2. 风景画

风景画是以自然风光为主题的绘画，包括山水画、花鸟画等。风景画通常表现出自然的美丽和宏伟，让人感受到自然的力量和生命的韵律。

3. 静物画

静物画是以静止物体为主题的绘画，包括花鸟画、果蔬画等。静物画通常表现出物体的形态、色彩和质感，让人感受到平静和美好。

4. 花鸟画

以花卉、鸟类、昆虫等为主要描绘内容，展现自然界中生物的姿态和生命力。

5. 风俗画

描绘社会生活中的风俗习惯、日常场景和人民的生活状态。

三、按绘画技巧分类

1. 线条表现

线条是绘画中最重要的艺术元素之一，可以通过线条的粗细、曲直、虚实等变化来表现物体的形态。主要包括：轮廓线用于勾勒物体的外形，使物体清晰明确；排线通过平行或交叉的线条排列来表现明暗、质感和体积；曲线能展现物体的柔美和动态；轻重不同的线条可以表达物体的结构和情感。

2. 色彩表现

可以通过色彩的明暗、冷暖、纯度等变化来表现物体的光影和情感，将不同颜色混合可以获得所需的色彩。通过色彩对比，如冷暖对比、色相对比等，增强画面的视觉冲击力；通过色彩渐变，如明度渐变、色相渐变等，营造出柔和或丰富的效果；通过色彩叠加，一层一层地叠加颜色，增加色彩的深度和丰富度。

3. 构图表现

通过物体的排列、大小、远近等变化来表现画面的层次感和立体感。包括对称构图，使画面具有平衡、稳定的感觉；黄金分割构图，遵循黄金比例来安排元素，使画面更具美感；三分法构图，将画面分为九宫格，把重要元素放在分割线的交点上；引导线构图，利用线条引导观众的视线至主体。

4. 透视技巧

主要包括：一点透视，常用于表现街道、走廊等场景，有强烈的纵深感；两点透视，物体有两个消失点，更具立体感和空间感；三点透视，用于表现高大的建筑物或俯瞰、仰视的场景。

5. 笔触技巧

一是厚涂法，颜料堆积较厚，能产生厚重的质感。二是薄涂法，颜料稀薄，透出底色，营造透明或轻盈的效果。三是干刷法，用干燥的画笔轻扫，产生粗糙的纹理。四是点彩法，用细小的色点组成画面。

6. 肌理技巧

包括利用不同的材料制造出特殊的纹理效果，如在画布上粘贴纸张、布料等；运用特殊的绘画工具或手法创造肌理，如用海绵、刮刀等。

四、按绘画风格分类

1. 古典主义

古典主义绘画追求画面的逼真和优雅，注重形体的准确性和光影的细腻表现。画家们以细腻入微的笔触和精湛的技艺，精准地刻画人物和物体，比例精确无误，细节丰富逼真。无论是人物的肌肤纹理、衣物的褶皱，还是景物的细微之处，都被栩栩如生地呈现在画布之上。清晰流畅的线条如同雕塑家手中的刻刀，勾勒出坚实而优美的形体，赋予画面清晰的轮廓和明确的结构，使形象更加立体而富有质感。

2. 浪漫主义

浪漫主义绘画强调情感的表达和个性的彰显，画面色彩鲜明，构图自由，追求画面的动感和诗意。画家们挣脱现实的束缚，将炽热的情感、丰富的想象和强烈的个人意志倾注于画布之上。他们不再拘泥于对客观世界的刻板描绘，而是追求心灵深处的真实和灵魂的呐喊。热烈的红、深邃的蓝、神秘的紫，交织成情感的乐章，或激昂，或忧郁，或梦幻，每一笔色彩都仿佛在诉说着画家内心深处的故事。主题的选择上，浪漫主义画家钟情于英勇的冒险、传奇的故事和大自然的壮丽奇观。他们描绘英雄的传奇事迹，歌颂爱情的伟大力量，展现大自然的雄伟与神秘，让观者的心灵在这些奇幻的场景中遨游。

3. 现实主义

现实主义绘画关注社会生活和人的生存环境，追求画面的真实和生动，具有深刻的社会意义和人文关怀。在现实主义的画布上，人物不再是理想化的形象，而是具有真实血肉和情感的个体。他们的面容刻画出岁月的痕迹，他们的姿态反映出生活的重压或希望。劳动者的辛勤、市民的日常、底层人民的挣扎，都被真实而生动地描绘出来，让人们看到了生活的艰辛与坚韧。场景的描绘同样细致入微，无论是城市的街巷、农村的田野还是工厂的车间，都充满了生活的气息和真实的质感。每一处细节都在诉说着生活的故事，每一个元素都承载着社会的信息。

4. 印象派

印象派绘画强调光与色的瞬间印象，追求画面的自然和生动，注重色彩的运用和光影的表现。印象派画家们摒弃了传统绘画中对细节的精雕细琢和对固有形式的遵循，转而追求捕捉瞬间的光影变幻和色彩交融。他们走出画室，投身于大自然和现实生活之中，用敏锐的目光和灵动的笔触去记录那稍纵即逝的美妙瞬间。在印象派的画作里，色彩不再是刻板的、既定的，而是充满了生机与活力。画家们打破了传统的色彩观念，通过对光的研究和感知，将色彩分解和重组，使它们在画布上相互辉映、跳跃。

5. 立体主义

立体主义绘画将物体分解为几何形状并重新组合，追求画面的立体感和空间感，具有鲜明的个性和创新性。画家们打破了空间的限制，将物体的不同侧面、角度和维度同时呈现在一个画面中。这种对物体的分解与重构，并非随意的拼凑，而是对现实世界的一种深度剖析和重新诠释。立体主义绘画强调多重视角的融合。观者不再仅仅从一个固定的角度去观察对象，而是仿佛能够同时环绕物体，全方位地感受其形态和结构。这种独特的观察方式，使画面呈现出一种破碎、交错的视觉效果，看似混乱，实则蕴含着严谨的内在逻辑。

6. 抽象主义

抽象主义绘画强调形式语言和抽象表现，不再追求画面的逼真和具象，而是通过线条、色彩、形状等来表达内在的情感和思想。抽象主义绘画不再受到自然物体固有色的限制，而是被赋予了独立的表现力。鲜艳的纯色、柔和的中间色或是强烈的对比色，相互交织、碰撞、融合，营造出或热烈、或宁静、或神秘的氛围，直接触动观者的情感神经。画面的线条不再仅仅是勾勒轮廓的工具，而是具有了生命和灵魂。它们或流畅、或顿挫、或蜿蜒，以无尽的变化和组合构建出独特的视觉节奏，仿佛是画家心灵的轨迹在画布上的延伸。

7. 表现主义

表现主义绘画强调艺术家内在情感和主观感受的表达，画面常常具有强烈的动感和冲击力，给人留下深刻的印象。画家们不再满足于客观世界的表象，而是深入内心，挖掘出那些被压抑、被忽视的情感和精神体验。他们用夸张、变形的手法，将内心的痛苦、愤怒、恐惧和渴望毫无保留地宣泄出来。色彩在表现主义作品中成为情感的直接载体，鲜艳而浓烈的色调，如燃烧的火焰或深沉的暗夜，营造出强烈的情绪氛围。红色象征着激情与愤怒，蓝色或许代表着忧郁与绝望，色彩的冲突和对比，增强了画面的表现力和冲击力。线条不再是规整和流畅的，而是粗犷、急促和颤抖的，仿佛在挣扎和扭动，传达着画家内心的不安和动荡。形象被扭曲、拉伸或破碎，人物的面容和肢体呈现出夸张的形态，不再追求美与和谐，而是为了更强烈地表达情感的强度和复杂性。

拓展阅读

一、古典主义：拉斐尔的《雅典学院》

拉斐尔的《雅典学院》以其古典主义的风格特点，展现了古希腊文化的庄重和典雅（图4-1）。通过逼真的描绘和细腻的光影表现，拉斐尔成功地营造了一种宁静、和谐的氛围，让人感受到古希腊文化的魅力。

古典主义绘画是欧洲文艺复兴时期的产物。随着人们对古代文化的重新关注和兴趣增加，古典主义绘画成为当时文化复兴的重要代表之一。拉斐尔的《雅典学院》作为古典主义的代表作之一，不仅展现了古希腊文化的精髓，也体现了当时人们对古典文化的热爱和追求。

古典主义绘画注重形体的准确性和光影的细腻表现，通过逼真的描绘和优美的线条，塑造出完美的形象和和谐的画面。这种绘画风格对于培养人们的审美观念和艺术修养有着重要的影响。在欣赏《雅典学院》时，我们不仅可以感受到古希腊文化的魅力，也可以从中领略到古典主义绘画的独特之处。

图4-1 《雅典学院》拉斐尔

二、浪漫主义：德拉克洛瓦的《自由引导人民》

德拉克洛瓦的《自由引导人民》以其浪漫主义的风格特点，展现了法国大革命时期的激情和动感（图4-2）。通过强烈的情感表达和个性化的描绘，德拉克洛瓦成功地营造了一种激动人心的氛围，让人感受到革命时期的人们追求自由和解放的热情。

图4-2 《自由引导人民》德拉克洛瓦

浪漫主义绘画兴起于19世纪初的欧洲，是人们对启蒙运动和革命运动的回应。浪漫主义绘画强调情感表达和个人感受，通过描绘自然、历史和神话等题材来表达对自由和个性的追求。德拉克洛瓦的《自由引导人民》作为浪漫主义的代表作之一，不仅展现了法国大革命时期的社会背景，也体现了当时人们对自由和解放的渴望。

浪漫主义绘画注重情感的表达和个人感受的呈现。在欣赏《自由引导人民》时，我们不仅可以感受到革命时期人们的激情和追求自由的精神，也可以从中领略到浪漫主义绘画

图4-3 《拾穗者》米勒

的独特之处。同时,《自由引导人民》中的人物形象生动鲜明,通过表情和动作的刻画,让人感受到一种强烈的情感冲击力,对于培养人们的情感表达力和艺术创造力有着重要的影响。

三、现实主义:米勒的《拾穗者》

米勒的《拾穗者》以其现实主义的风格特点,展现了农村生活的真实和生动(图4-3)。通过真实的描绘和深刻的社会意义,米勒成功地营造了一种朴实无华的画面氛围,让人感受到农村生活的艰辛和美好。

现实主义绘画兴起于19世纪中期,是人们对工业革命和社会变革的回应。现实主义绘画强调对现实生活的直接描绘和批判社会不公现象,通过写实的表现手法来反映社会底层人群的生活状态。米勒的《拾穗者》作为现实主义的代表作之一,不仅展现了农村生活的真实场景和社会问题,也体现了当时人们对社会现实的关注和反思。

现实主义绘画注重对现实生活的直接描绘和对社会问题的反映。在欣赏《拾穗者》时,我们不仅可以感受到农村生活的真实场景和农民的艰辛生活,也可以从中领略到现实主义绘画的独特之处。同时,《拾穗者》中的人物形象逼真自然,通过表情和动作的刻画,让人感受到一种深刻的情感共鸣,对于培养人们的现实观察力和社会责任感有着重要的影响。

四、印象派:莫奈的《睡莲》

莫奈的《睡莲》以其印象派的风格特点,展现了光影和色彩的美丽瞬间(图4-4)。通过光与色的独特运用,莫奈成功地捕捉到了睡莲在池塘中的倒影和光线的微妙变化,营造出一种如梦如幻的氛围。

印象派绘画兴起于19世纪末,是人们对光学和色彩理论的探索和应用。印象派绘画强调对光线和色彩的细致观察,通过捕捉瞬间的光线和色彩变化来呈现自然的美丽。莫奈的《睡莲》作为印象派的代表作之一,不仅展现了印象派对光影和色彩的独特追求,也体现了当时人们对自然美的欣赏和探索。

印象派绘画注重对光线和色彩的观察和理解。在欣赏《睡莲》时,我们不仅可以感受到睡莲的美丽和自然的光影变化,也可以从中领略到印象派绘画的独特之处。同时,《睡莲》中细腻的光影和色彩表现,对于培养人们的观察力和

图4-4 《睡莲》莫奈

审美意识有着重要的影响。

五、立体主义：毕加索的《亚维农的少女》

毕加索的《亚维农的少女》以其立体主义的风格特点，打破了传统的绘画规则和透视原理（图4-5）。通过将人物分解为几何形状并重新组合，毕加索成功地创造了一种全新的视觉效果，展现了独特的艺术想象力和创新精神。

图4-5 《亚维农的少女》毕加索

立体主义绘画兴起于20世纪初，是人们对传统绘画语言的质疑和创新。立体主义绘画强调对形体的解构和重新组合，通过几何形状和线条的运用来呈现物体的多维形态。毕加索的《亚维农的少女》作为立体主义的代表作之一，不仅展现了立体主义对传统绘画语言的突破，也体现了当时人们对艺术创新的探索和实践。

立体主义绘画注重对传统绘画语言的突破和创新。《亚维农的少女》中独特的画面结构和线条运用，对于培养人们的创新思维和艺术创造力有着重要的影响。

六、抽象主义：保罗·克利的《金鱼》

保罗·克利的《金鱼》以其抽象主义的风格特点，将具象的鱼形象进行抽象化处理，展

图4-6 《金鱼》保罗·克利

现了内在精神和情感的独特表达（图4-6）。通过简洁的线条、色彩和形状的组合，克利成功地传达了鱼的灵动与生命力，营造出一种充满想象力和创造力的氛围。

抽象主义绘画兴起于20世纪初，是人们对传统艺术形式的反叛和突破。抽象主义绘画强调对内在精神和情感的表达，通过抽象的表现方式来呈现艺术家内心的感受和情感。克利的《金鱼》作为抽象主义的代表作之一，不仅展现了抽象主义对传统艺术形式的突破，也体现了当时人们对艺术创新的探索和实践。

从美育角度来看，抽象主义绘画注重对内在精神和情感的表达以及独特的形式语言。在欣赏《金鱼》时，我们不仅可以感受到克利对鱼的独特理解和情感表达，也可以从中领略到抽象主义绘画的独特之处。同时，《金鱼》中简洁而富有生命力的线条、色彩和形状的组合，对于培养人们的想象力和创造力有着重要的影响。

七、超现实主义：达利的《记忆的永恒》

达利的《记忆的永恒》以其超现实主义的风格特点，打破了现实与幻觉之间

的界限（图4-7）。通过将梦幻与现实相结合，达利成功地营造了一种奇妙的视觉效果，展现了超现实主义的独特魅力。

图4-7 《记忆的永恒》达利

超现实主义绘画兴起于20世纪初，是人们对现实世界的质疑和对心理世界的探索。超现实主义绘画强调对梦境和幻觉的表现，通过超越现实的场景和形象来呈现人类内心深处的真实。达利的《记忆的永恒》作为超现实主义的代表作之一，不仅展现了超现实主义对现实世界的解构和重新组合，也体现了当时人们对心理世界的探索和表达。

超现实主义绘画注重对现实世界的质疑和超越，以及对人类内心世界的探索和表达。同时，《记忆的永恒》中奇妙的画面结构和形象组合，对于培养人们的创新思维和艺术创造力有着重要的影响。

八、表现主义：蒙克的《呐喊》

蒙克的《呐喊》以其表现主义的风格特点，将内心的恐惧与不安转化为强烈的视觉冲击力（图4-8）。通过

图4-8 《呐喊》蒙克

夸张的表现手法和强烈的色彩运用，蒙克成功地营造了一种令人不安的氛围，展现了表现主义的独特魅力。

表现主义绘画兴起于20世纪初，是人们对社会现实和内心情感的强烈反映。表现主义绘画强调对艺术家内心世界的表现，通过夸张、变形和抽象的方式来呈现对社会现实的不满和对人类生存状态的反思。蒙克的《呐喊》作为表现主义的代表作之一，不仅展现了表现主义对社会现实的不满和对人类生存状态的关注，也体现了当时人们对内心情感的强烈表达和艺术创新的追求。

表现主义绘画注重对社会现实和人类生存状态的反思和关注，以及对内心情感的强烈表达和艺术创新。同时，《呐喊》中夸张的形象和强烈的色彩运用，对于培养人们的社会现实反思能力和情感表达能力有着重要的影响。

五、按地域分类

1. 中国绘画

中国绘画是中国传统的绘画形式,注重笔墨的运用和意境的营造,具有鲜明的民族特色和艺术风格。中国绘画有着悠久的历史和独特的风格,包括山水画、人物画、花鸟画等,注重笔墨情趣和意境的表达,讲究"气韵生动"。

2. 欧洲绘画

欧洲绘画是以欧洲为中心的绘画体系,注重形体的准确性和光影的细腻表现,追求画面的逼真和立体感。涵盖了众多风格和流派,如文艺复兴时期意大利的绘画,以其精湛的写实技巧和宗教主题而闻名;荷兰黄金时代的绘画注重日常生活和风景描绘;法国的古典主义、印象派、后印象派等在艺术史上具有重要地位。

3. 日本绘画

日本绘画特征鲜明,民族性强,浮世绘作为日本绘画的代表之一,以其生动的人物描绘和对市井生活的真实写照而闻名于世。它不仅影响了日本的艺术发展,还对西方印象派等艺术流派产生了深远的影响。日本绘画注重细节和精致的表现手法。在传统的日本花鸟画中,画家对花卉和鸟类的描绘细腻入微,每一片花瓣的纹理、每一根羽毛的光泽都被精心勾勒,展现出对自然之美的敏锐感知和细腻表达。

4. 印度绘画

印度绘画的历史源远流长,可追溯到古老的洞穴壁画。它在岁月的长河中不断演变和发展,融合了宗教、哲学、神话和生活的多元元素,形成了丰富而独特的艺术风格。印度绘画常常与宗教紧密相连,是宗教情感和精神追求的视觉表达。无论是描绘印度教中的众神形象,还是佛教故事中的场景,都充满了象征意义和神秘色彩。

5. 中东绘画

中东绘画深受宗教和历史的影响,在伊斯兰教的指引下,形成了独特的审美观念和表现形式。它常常以精美的图案和细腻的装饰展现出对真主的敬畏与赞美。其色彩运用独具特色,金色和蓝色常常成为主调。线条在中东绘画中是灵动而富有韵律的,勾勒出优美的几何图形和精致的植物纹样。这些线条不仅构成了画面的骨架,也仿佛是在讲述着古老的故事和传说。

6. 非洲绘画

非洲绘画承载着古老部落的记忆、神话与信仰,每一笔每一画都诉说着祖先的智慧和历史的沧桑。它不受传统规则的束缚,自由奔放地展现着非洲人民对生活、自然和宇宙的独特理解。色彩在非洲绘画中是情感的直接表达。鲜艳、浓烈且对比强烈的色彩组合，如红、黄、绿、黑等，仿佛跳跃的火焰，充满了激情与活力。这些色彩不仅带来视觉上的冲击，更象征着生命的欢乐、悲伤、希望与恐惧。非洲绘画的材质也独具特色，常使用天然的颜料，如泥土、植物汁液等，绘制在墙壁、兽皮、织物上，与大自然紧密相连。

第二节　绘画鉴赏

绘画鉴赏是以艺术作品为对象，通过感知、想象、理解和批评等一系列心理活动，对作品的形式、内容、风格和意蕴进行深入剖析和欣赏，从而获得审美享受和启迪。在绘画鉴赏过程中，我们需要运用自己的视觉感知、文化背景、审美经验和艺术素养等，对作品进行多层次、多角度的分析和评价，以充分挖掘作品的美学价值。

一、绘画鉴赏的作用

1. 培养审美感知能力

审美感知能力是指人们对艺术作品的直观感受和理解能力。在绘画鉴赏中，我们需要通过观察和分析作品的形式、色彩、线条和构图等元素，培养对作品的整体感知和局部细节的把握能力。同时，我们还需要了解不同绘画风格的特点和表现形式，以便更好地理解艺术家的创作意图和作品的内涵。

2. 拓展审美想象空间

审美想象空间是指人们在欣赏艺术作品时所激发出的创造性思维和想象力。通过对作品中所表现的形象、意境和情感进行联想和想象，我们可以深入挖掘作品的内涵和意蕴，理解艺术家的创作意图和思想情感。同时，通过拓展审美想象空间，我们还可以激发自己的创造性思维和想象力，从而更好地欣赏和理解艺术作品。

3. 提升审美理解能力

审美理解能力是指人们对艺术作品所表达的美学价值和思想内涵的理解能力。在绘画鉴赏中，我们需要通过对作品的主题、风格、技巧和历史文化背景等方面的分析，深入理解作品所表达的美学价值和思想内涵。同时，我们还需要了解不同文化背景下的艺术特点和表现形式，以更好地理解不同文化背景下的艺术作品。

4. 培养审美批评能力

审美批评能力是指人们对艺术作品进行评价和判断的能力。在绘画鉴赏中，我们需要通过对作品的形式、内容、风格和意蕴等方面的分析，对作品进行评价和判断。同时，我们还需要了解艺术批评的基本方法和理论框架，以便更好地进行审美批评活动。通过培养审美批评能力，我们可以形成自己的审美标准和价值观，提高自己的艺术素养和审美水平。

二、案例赏析

案例一：法国画家塞尚的《圣维克多的山》

法国画家保罗·塞尚是19世纪末至20世纪初最重要的画家之一，他的作品被誉为西方现代艺术的基石。他的绘画作品《圣维克多的山》以其独特的风格和深刻的内涵，成为艺术史上的经典之作（图4-9）。从美育角度来看，这幅作品展现了塞尚对自然与形式、色彩与结构的深刻理解，同时也为我们提供了欣赏和理解自然之美的新视角。

1. 自然之美与形式之魅

（1）自然之美的再创造

塞尚的《圣维克多的山》以独特的视角展现了自然之美。他通过对山脉、树木、房屋和流水的描绘，将自然之美与自己的艺术语言相结合，创造出了一个充满魅力的艺术世界。在画作中，我们不仅可以感受到山脉的雄伟和树木的生机，还可以领略到流水的灵动和房屋的静谧。塞尚通过对自然之美的再创造，展现了人与自然的和谐共生。

（2）形式之魅的呈现

在《圣维克多的山》中，塞尚运用了独特的艺术形式来展现自然的魅力。他通过对物象的简化、变形和重构，打破了传统的透视和构图法则，创造了一种更加生动、真实和有力的艺术形式。这种独特的艺术形式使得画作中的物象充满了活力和生命力，同时也给予了观者无限的想象空间。通过欣赏这幅作品，我们可以感受到塞

图4-9 《圣维克多的山》保罗·塞尚

尚对形式之魅的深刻理解和他对艺术的独到见解。

2. 色彩与结构的和谐

（1）色彩的运用与情感的表达

在《圣维克多的山》中，塞尚运用了丰富的色彩来表达自己的情感和对自然的感悟。他运用深浅、冷暖、明暗等色彩变化来表现物象的质感和情感。山脉的深色与树木的浅色形成了鲜明的对比，营造出一种沉稳而有力的感觉；流水在阳光的照射下呈现出明亮的色彩，给人以清新而灵动的感觉。这些色彩的运用使得画作充满了情感表达力，观者可以从中感受到塞尚对自然的敬畏和对生命的赞美。

（2）结构的和谐与整体的统一

在《圣维克多的山》中，塞尚通过巧妙的构图和笔触，使得画作的结构和谐而统一。他通过对物象的排列、组合和穿插，使得画面的各个部分相互呼应、相互映衬，构成了一个有机整体。同时，他运用粗细、曲直、长短等笔触变化来表现物象的形态和质感，使得画面充满了生命力和表现力。这种对结构的深刻理解和巧妙的运用使得画作达到了整体的和谐与统一。

塞尚的《圣维克多的山》展现了自然之美与形式之魅的完美结合。通过欣赏这幅作品，我们不仅可以感受到大自然的壮美和生命的活力，还可以领略到塞尚独特的艺术语言和深刻的艺术理解。这幅作品所传达的美感和艺术价值将永远铭刻在人类艺术史的长河中，引领我们去探索和理解自然与生命的奥秘。

案例二：西班牙画家毕加索的《哭泣的女人》

毕加索是20世纪最具影响力的画家之一，他的作品具有独特的风格和深刻的内涵。他的作品《哭泣的女人》以深刻的情感表达和独特的绘画语言，成为艺术史上的经典之作（图4-10）。从美育角度来看，这幅作品展现了毕加索对人类情感和悲剧美的深刻理解，同时也为我们提供了欣赏和理解人性之美的新视角。

1. 情感之美与悲剧之痛

（1）情感之美的呈现

在《哭泣的女人》中，毕加

图4-10 《哭泣的女人》毕加索

索通过生动的面部表情和扭曲的肢体语言,将女性的悲伤和痛苦表现得淋漓尽致。这幅画作中的女性形象充满了情感之美,她的面容憔悴、眼神空洞,表现了内心深处的绝望和痛苦。这种情感之美的呈现让我们感受到了人类情感的复杂性和深刻性,引发我们对生命和人类命运的思考。

（2）悲剧之痛的表达

毕加索在《哭泣的女人》中运用了悲剧的手法来表达女性的痛苦和不幸。他将女性的形象刻画得扭曲、变形,用激烈的笔触和暗淡的色彩来表现她的悲伤和绝望。这种悲剧之痛的表达让我们感受到了人类面对苦难和悲剧时的无助和无奈,引发我们对人性弱点和生命价值的思考。

2. 独特的绘画语言与创新的艺术风格

（1）独特的绘画语言

在《哭泣的女人》中,毕加索运用了独特的绘画语言来表现女性的形象。他运用粗犷的线条和激烈的笔触来表现女性的面部表情和肢体语言,使得画面充满了张力和表现力。这种独特的绘画语言让我们感受到了毕加索对艺术形式的独到见解和创新精神,同时也为我们提供了欣赏和理解人性之美的新视角。

（2）创新的艺术风格

毕加索在《哭泣的女人》中展现了创新的艺术风格,打破了传统的绘画规则和形式,运用夸张、变形和抽象的手法来表现女性的形象和情感。这种创新的艺术风格使得画作充满了个性化和现代化的气息,同时也向我们展示了毕加索对艺术的独特理解和创新精神。

（3）抽象与具象的融合

在《哭泣的女人》中,毕加索巧妙地融合了抽象和具象两种艺术形式。他将女性的形象进行夸张、变形和抽象化的处理,使得画面充满了现代感和抽象意味。同时,他又通过细腻的笔触和丰富的色彩表现了女性的形象和情感,使得画面充满了具象化和真实感。这种抽象与具象的融合使得画面充满了张力和表现力,让人印象深刻。

3. 个人情感与社会意识的交织

毕加索在《哭泣的女人》中不仅表现了女性的悲剧美和情感之美,还将自己的个人情感与社会意识交织在一起。他通过画作表达了对当时社会的不满和愤怒,以及对战争和暴力的反感和抵制。这种个人情感与社会意识的交织使得画作具有更深层次的社会意义和历史价值,让人深思人类命运和社会责任。

案例三：中国画家齐白石的《虾》

中国画作为东方艺术的代表,以其独特的笔墨语言和意境,成为世界艺术宝

图 4-11 《虾》齐白石

库中的瑰宝。在众多中国画家中,齐白石以独特的风格和深刻的内涵,成为 20 世纪最具代表性的艺术家之一。他的作品《虾》以简洁明快的笔墨和生动活泼的形象,展现了齐白石的绘画之美(图 4-11)。

1. 笔墨之美与意境之韵

(1) 笔墨的精湛与灵动

齐白石的《虾》以精湛的笔墨表现出了虾的生动形象。他运用灵活多变的笔法,表现出虾的透明感和轻盈感。墨色的深浅、浓淡、干湿等变化也恰到好处,使得虾的质感、光感和空间感得以充分展现。齐白石对笔墨的运用达到了驾轻就熟的境地,使得画作充满了灵动和生气。

(2) 意境的深远与悠长

齐白石的《虾》不仅仅是对自然界的简单再现,更是对艺术意境的深刻表现。画作中,齐白石将虾置于一个宽阔平静的水面之上,使得观者可以感受到水的清澈和宁静。这样的画面营造了一种安详、和谐、宁静的氛围,使观者可以感受到人与自然之间的和谐共生。此外,画作还蕴含着更深层次的意境,即对生命的尊重和珍视。齐白石通过对虾的细致入微的描绘,表现出了生命的美丽和脆弱,引发观者对生命的敬畏和思考。

2. 创新与传统的融合

(1) 技法的创新与拓展

齐白石在《虾》中运用了丰富的中国画技法,如没骨法、工笔画等。他将这些技法融会贯通,创造了一种独特的绘画风格。此外,他还借鉴了西洋画的一些表现手法,如对光影的处理和细节的描绘等,使得画作更加生动逼真。齐白石在技法上的创新与拓展为中国画的发展注入了新的活力。

（2）传统的继承与发展

齐白石的《虾》不仅展现了他的创新精神，也体现了对传统的继承和发展。他的作品蕴含着深厚的文化底蕴和人文精神。通过对传统笔墨的继承和发展，齐白石将中国画的意境、气韵与现代审美观念相结合，创造了一种独特的艺术风格。他的作品既具有传统之美，又有现代之韵，为传统中国画的传承和发展提供了新的思路。

3. 对现代艺术教育的启示

齐白石的《虾》不仅是一幅艺术作品，更是他对艺术教育的一种独特贡献。他的绘画风格和艺术理念为现代艺术教育提供了以下启示。

（1）注重传统与创新的结合

齐白石的艺术成就得益于他对传统的深入研究和不断创新。现代艺术教育同样需要注重传统与创新的结合，既要培养学生的基本技能和艺术素养，又要鼓励他们在传统的基础上进行创新。只有将传统与现代相结合，才能创造出有深度、有内涵的艺术作品。

（2）重视写生与观察的培养

齐白石的绘画作品大多取材于自然和生活，他对生活的观察和对自然的感悟非常深入。现代艺术教育应该重视写生与观察的培养，让学生学会从生活中汲取灵感，从自然中发现美。只有通过对生活的深入观察和体验，才能创作出有情感、有生命力的作品。

（3）强调意境与情感的表达

齐白石的绘画作品不仅注重形式美，更注重意境和情感的表达。现代艺术教育应该引导学生深入挖掘作品背后的情感和意境，培养他们的审美情感和艺术表现力。只有将情感与意境完美结合，才能使作品具有更深层次的内涵和感染力。

（4）倡导艺术实践与理论学习的结合

齐白石的艺术成就不仅来自他的绘画实践，还来自他对艺术理论的深入研究和探索。现代艺术教育应该倡导实践与理论相结合，既要注重学生的艺术实践，又要培养他们的艺术理论素养。只有理论与实践相结合，才能使学生更好地理解和掌握艺术，成为具有全面素质的艺术家。

齐白石的《虾》以独特的绘画美感和深刻的艺术内涵，成为中国画坛的经典之作。从美育角度来看，这幅作品展现了传统与现代的融合、自然与生活的统一、意境与情感的交融等特征。通过欣赏这幅作品，我们可以感受到齐白石对艺术的独到见解和勇于创新的精神，这对现代艺术教育和艺术创作都具有重要的启示作用。同时，《虾》也为我们提供了一种欣赏和理解中国传统艺术的独特方式，有助于我们更好地传承和发扬中国传统文化。

案例四：中国画家陈丹青的《西藏组画》

陈丹青的《西藏组画》是一组描绘西藏风土人情的系列油画作品（图4-12）。这组作品以独特的艺术风格和深刻的人文内涵，成为中国当代艺术的经典之作。从美育角度来看，《西藏组画》展现了陈丹青对民族文化的热爱、对生活的关注以及对美的独特追求。这组作品不仅具有极高的艺术价值，同时也为我们提供了一个欣赏和理解不同文化的视角。

图4-12 《西藏组画·康巴汉子》陈丹青

1. 民族文化的独特呈现

在《西藏组画》中，陈丹青通过对藏族服饰和风俗的描绘，展现了西藏地区的独特魅力。他准确地捕捉到了藏族人民在日常生活中所展现出的质朴、热情和虔诚，并通过细腻的笔触和丰富的色彩表现出来。观者在欣赏这些作品时，可以感受到强烈的民族文化气息，进一步了解和欣赏藏族文化的深厚底蕴。

2. 生活之美的发掘与表现

（1）日常生活的诗意表现

在《西藏组画》中，陈丹青通过对藏族人民日常生活的描绘，展现了生活的诗意之美。他通过对劳作、休闲、节庆等场景的刻画，将生活中的平凡之处变得充满诗意。观者在欣赏这些作品时，可以感受到生活的美好和丰富多样性，进一步激发对生活的热爱和对美的追求。

（2）人文关怀与情感表达

陈丹青在《西藏组画》中充满了对藏族人民的人文关怀和情感表达。他通过对人物形象的塑造、对场景氛围的渲染以及对色彩的运用等手法，将情感融入每一幅作品中。观者在欣赏这些作品时，可以感受到陈丹青对藏族人民的深厚情感和对生活的热爱，进一步激发对人文精神的思考和追求。

3. 艺术风格的独特与创新

（1）写实与抒情的结合

陈丹青在《西藏组画》中成功地结合了写实与抒情两种风格。他通过对细节的准确捕捉和刻画，将藏族人民的生活状态和风俗习惯真实地呈现在观者面前。同时，他又通过抒情的笔触和色彩的运用，将情感融入作品中，使得作品充满了感染力和艺术魅力。

（2）民族性与现代性的融合

在《西藏组画》中，陈丹青成功地将民族性与现代性融合在一起。他通过对藏族服饰、建筑和风俗的描绘，展现了西藏地区的民族特色和文化底蕴；同时，他又运用现代艺术的手法和观念，将传统元素进行创新性的表达和呈现。这种民族性与现代性的融合使得作品既具有传统文化的厚重感，又具有现代艺术的创新性。

4. 对当代艺术的启示与影响

陈丹青的《西藏组画》不仅对藏族文化和生活进行了生动的描绘，同时也对当代艺术产生了深远的启示和影响。这组作品所传达的对生活的热爱、对民族文化的尊重以及对美的崇尚，成为当代艺术家所追求的艺术理念。

（1）对生活之美的重新认识

《西藏组画》提醒我们，生活中的平凡之处往往蕴藏着诗意和美好。它鼓励我们去关注生活中的细节，去发现和欣赏生活中的美。这种对生活之美的重新认识，不仅丰富了我们的审美体验，同时也激发了我们对生活的热爱和敬畏。

（2）对民族文化的尊重与传承

陈丹青通过对藏族文化的描绘，展现了他对民族文化的尊重和热爱。这组作品强调了民族文化的独特性和价值，鼓励我们去关注和传承自己的民族文化。这种对民族文化的尊重和传承，为当代艺术家树立了一个良好的榜样，也为我们提供了一个欣赏和理解不同文化的视角。

（3）对艺术创新的探索与实践

陈丹青在《西藏组画》中成功地将民族性与现代性融合在一起，展现了他对艺术创新的探索和实践。这种创新性的艺术风格和表现手法，为当代艺术家提供了新的思路和方法，鼓励我们在继承传统文化的基础上，进行现代艺术的创新和发展。

陈丹青的《西藏组画》是一组充满生命力和感染力的艺术作品。从美育角度来看，这组作品不仅让我们欣赏到了藏族文化的独特魅力和生活的美好，更让我们重新认识了艺术的价值和意义。通过对这组作品的鉴赏和学习，我们可以更好地理解艺术与生活、文化与历史之间的关系，进一步提高自己的艺术素养和审美水平。

第三节 中国绘画

中国绘画是中国传统文化的重要组成部分，具有悠久的历史和独特的风格。中国绘画注重意境和气韵的表现，强调笔墨的运用和心性的表达，具有鲜明的民族特色和艺术价值。以下将以案例分析的方式，探讨中国绘画的特点、风格和发展历程。

一、中国绘画的特点

1. 中国绘画的线条美

在中国绘画的长期发展中，线条的运用形成了一套独特的技法和规范，体现了中华民族的审美观念和文化传承。中国绘画通过线条的勾勒和变化来表现物象的轮廓、体积和质感。线条的运用使中国绘画具有简洁、流畅和生动的特点。精准地勾勒出物体的形态轮廓，无论是山川的起伏、人物的姿态还是花鸟的灵动，都能通过线条生动地展现出来。画家通过运笔的轻重缓急、刚柔并济，将自己的情感和内心世界融入线条之中。豪放洒脱的线条表达出激昂的情绪，而细腻柔和的线条则传达出宁静与温和。

2. 中国绘画的意境美

中国绘画注重意境和气韵的表现，强调物象的精神内涵和情感表达，画家的创作不仅仅是描绘物象，更是通过物象来表达自己的情感和思想。中国绘画强调通过画面传达一种深远的情感和精神境界，追求"诗情画意"的效果，让观者在欣赏画作时产生联想和感悟。画家将自身的情感与所描绘的自然景象融合在一起，使观者在欣赏画作时能够感受到画家的心境和大自然的神韵，借助特定的形象和元素来传达深刻的哲理和思想。这种气韵贯穿于整个画面，使作品具有一种灵动的美感。

3. 中国绘画的交融美

中国画中诗、书、画、印的交融美，是其独特艺术魅力的重要体现。中国绘画常常与诗歌、书法和印章相结合，形成了一种独特的艺术形式（图4-13）。诗、书、画、印的结合使中国绘画具有更丰富的文化内涵和更高的艺术价值。诗以文字抒发画家的心境与感悟，画则以形象直观地展现诗意的情境。诗的含蓄、精练与画的生动、直观相得益彰。书法在中国画中不仅是落款签名，更是画面构图的一部分。其线条的韵律、节奏与画笔的运用相互映衬。书法的字体风格、用笔力度能与画面的风格相统一，增强画面的整体艺术效果。印章则起到了画龙点睛的作用。印章的形状、大小、朱白文以及刻制的风格，都为画面增添了变化和节奏感。它可以平衡画面布局，也能印证画家的身份和作品的流传。

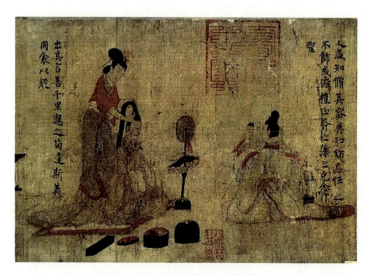

图 4-13 《女史箴图》顾恺之

二、中国绘画的风格

1. 写意风格

此风格强调画家的主观情感和对事物的理解，不拘泥于形似，而注重神似，以形写神，通过对形态的概括和提炼，传达出物象的独特韵味和生命力。用笔豪放洒脱，墨色淋漓，一气呵成。画家用笔大胆洒脱，不拘泥于细节的雕琢，而是通过简洁而有力的笔触来表现物象的神韵。通过简洁的笔墨传达出对象的神韵和画家的心境。仅用墨色的浓淡干湿来表现山水、人物、风景等神韵，追求素雅、清幽的意境，注重描绘和意境的表达，具有清新、自然、空灵的特点。

2. 工笔风格

此风格以细腻、工整、严谨为特点，线条细腻、匀净、流畅，具有很高的精度和表现力。线条的勾勒通常十分严谨，能够清晰地描绘出物体的轮廓和结构。画家注重线条的精细勾勒，色彩的层层渲染，力求逼真地描绘对象。在人物画中，能清晰地展现人物的容貌、服饰细节（图4-14）；在花鸟画中，花卉和鸟类的形态、纹理都刻画得极为精致。

3. 青绿山水风格

此风格常以壮丽的山川、宏伟的宫殿楼阁、繁茂的树木等为主要描绘对象，展现出大自然的壮美和人类建筑的辉煌。作品以石青、石绿等矿物颜料为主，色彩浓重鲜艳，勾勒精致，展现出山水的瑰丽和壮美。此风格传达出一种生机勃勃、繁荣昌盛的意境，给人以积极向上、充满希望的感受。

图 4-14 《送子天王图》吴道子

三、中国绘画的发展历程

1. 起源与早期发展

中国绘画的起源可以追溯到新石器时代,当时的彩陶纹饰和岩画等原始艺术形式已经具有较为鲜明的特色。早期绘画受古代壁画的影响较大,多以壁画形式出现。春秋战国时期,楚国墓帛画《龙凤仕女图》反映了当时人们对灵魂升天的独特理解。汉代壁画则有"成教化、助人伦"的作用。魏晋南北朝时期出现了以顾恺之为代表的一批才子型画家,他们不仅精通绘画,而且注重在绘画中表现人的精神气质。这一时期也是中国绘画发展的重要阶段,奠定了中国绘画的基本格局。

2. 唐宋时期的繁荣与成熟

唐代是中国古代文化的鼎盛时期,绘画艺术也随之达到了前所未有的高度。这一时期的绘画题材广泛,涵盖了人物、山水、花鸟等各个领域,出现了以吴道子、阎立本为代表的一批著名画家。这一时期的绘画风格多样,题材广泛,技艺精湛,表现出盛唐时期的繁荣景象。

宋代是中国绘画艺术的一个黄金时代。此时绘画风格多样,技法精湛,蕴含着深邃的文化内涵和细腻的情感表达。宋代绘画走向成熟,山水画、花鸟画、风俗画等都得到了极大的发展。同时,宋代还出现了文人士大夫阶层,他们将绘画视为一种文化修养和自我表达的方式。

3. 元明清时期的文人画与写意画

元明清时期,中国绘画逐渐受到文人画的影响,文人成为绘画创作的主要力量。文人画强调个性表现和情感表达,注重对笔墨的运用和诗、书、画、印的结合。例如，元代画家倪瓒的《六君子图》就是一幅典型的文人画，画面简洁明快，通过笔墨的运用表现出了作者的情感和思想。

明清时期，写意画逐渐发展起来，成为一种独特的艺术形式。写意画注重对物象的概括和提炼，追求笔墨的意境和气韵。例如，明代画家徐渭的《墨葡萄图》就是一幅典型的写意画，画面通过简洁的笔墨表现出了葡萄的形象和意境。

4. 近代的绘画变革与发展

近代，中国绘画面临着西方文化的冲击和变革。一些画家开始借鉴西方绘画的技巧和方法，探索中国绘画的现代化之路。同时，一些画家也开始注重对传统文化的挖掘和传承，试图恢复和发展中国绘画的传统特色。例如，近代画家齐白石就是一位具有代表性的艺术家，他的作品既有传统特色，又具有现代气息。中国绘画在不断发展中，不断吸收着新的元素，探索着新的表现形式和技巧，展现出了中国绘画的无限可能性和生命力。

5. 现代绘画发展

中国绘画在现代也经历了许多变化和发展。受到西方绘画的影响，中国画家开始接触和吸收西方绘画的素描、构图和色彩运用等技法，一些画家开始尝试将中西绘画技巧结合，形成了新的绘画风格。同时，随着社会的发展和变化，一些画家不再局限于传统的山水、人物、花鸟等题材，开始关注社会现实、个体情感、现代生活以及抽象的精神世界。城市景观、工业题材、人物内心的刻画等都成为常见的表现内容，创作出了具有现实主义风格的绘画作品。此外，一些画家也开始探索中国绘画的传统元素和现代形式的结合，形成了具有现代感的绘画风格。这些新的探索和发展为中国绘画注入了新的活力和生命力。

四、案例赏析

案例一：《富春山居图》

《富春山居图》是元代画家黄公望的杰作，以长卷形式描绘了富春江两岸的山水风光。这幅画作以其独特的艺术风格和深刻的文化内涵，成为中国古代绘画的瑰宝，也是世界文化史上的重要遗产。从美育角度来看，《富春山居图》展现了自然之美、人文之美和艺术之美，具有重要的审美价值和启示意义。

1. 自然之美：山水画法的精湛技艺

《富春山居图》以自然为主题，通过精湛的画法展现了山水之美。画家通过对山峦、江水、树木等自然元素的描绘，营造出一幅宏伟壮观的自然画卷。画中的山峰错落有致，江水曲折蜿蜒，树木枝繁叶茂，每一处细节都展现了大自然的神奇与美丽。

黄公望运用了丰富的笔法和技巧，使得画面充满了诗意和韵味。他用墨色渲染出山体的层叠和远近关系，用线条勾勒出江水的波纹和树木的枝叶。这种写意的画法既表现了自然之美，也体现了画家的情感与个性。

2. 人文之美：地域文化的独特韵味

《富春山居图》不仅展示了自然之美，还蕴含了丰富的人文内涵。画中所描绘的景色与当地的历史、文化、民俗等紧密相连。通过画面中的细节，我们可以感受到这一地区特有的地域文化韵味。

黄公望通过对人文元素的描绘，展现了他对当地文化的敬畏与尊重。这些元素包括古老的建筑、传统的交通工具、生活中用品等。这些元素不仅丰富了画面的内容，也为我们提供了了解古代社会生活的重要线索。

3. 艺术之美：形式与内容的完美结合

《富春山居图》作为一幅杰出的艺术作品，展现了形式与内容的完美结合。画家通过巧妙的构图和丰富的色彩运用，使画面达到了极致的艺术效果。画面的构图层次分明，空间感强烈。黄公望运用远近法、透视法等构图技巧，将复杂的自然景色组织得有条不紊。同时，他通过留白等手法，营造出了深远的空间感，使观者仿佛置身于画中的山水之间。

色彩运用方面，黄公望巧妙地运用了墨色与淡彩的对比，使得画面既具有写意的豪放又具有工笔的细腻。他用墨色表现山体的厚重感，用淡彩渲染江水的轻盈感，用线条勾勒树木的灵动感。这种色彩运用不仅丰富了画面的层次感，也增强了画作的感染力和审美价值。

4. 对现代艺术的启示

《富春山居图》不仅是中国古代艺术的瑰宝，也对现代艺术产生了深远的影响和启示。

（1）对现代山水画的影响

《富春山居图》以其独特的山水画法，对现代山水画产生了重要的影响。画家通过描绘山水的自然风光，表达了对自然的敬畏和尊重。这种对自然的描绘方式，对现代山水画具有借鉴和启示作用。

（2）对现代艺术的指导

《富春山居图》所展现的自然之美和人文之美，对现代艺术产生了重要的启示。在现代社会中，随着城市化的发展和生态环境的恶化，人们越来越远离自然。《富春山居图》提醒我们，要尊重自然、保护环境，实现人与自然的和谐共生。这种思想对于现代艺术的发展具有重要的指导意义。

图 4-15 《富春山居图》黄公望

（3）对跨文化交流的贡献

《富春山居图》作为中国文化的代表作品之一，对于跨文化交流也做出了重要的贡献。通过这幅画作，其他国家和地区的观众可以更好地了解和欣赏中国传统文化中的审美价值观念，促进不同文化之间的交流和理解。

《富春山居图》作为中国古代绘画的经典之作，以其精湛的技艺、深刻的文化内涵和完美的形式与内容结合，展现了自然之美、人文之美和艺术之美。这幅画作不仅让我们领略了富春江两岸的美丽风光，更让我们思考了人与自然的关系以及传统文化的价值（图 4-15）。

案例二：《清明上河图》

《清明上河图》是北宋画家张择端的杰作，以长卷形式展现了北宋都城汴京的城市风貌和社会生活。这幅画作充满了生活气息和人文关怀，通过对各类人物、场景、道具的细腻描绘，展现了当时社会的风俗、习惯和人文精神。从美育角度来看，《清明上河图》不仅具有极高的历史价值，更体现了中国古代绘画的独特魅力和审美情趣。

1. 城市风貌与人文精神的融合

《清明上河图》通过细腻入微的笔法，将汴京的城市风貌展现得淋漓尽致。画中的建筑、桥梁、码头、街巷等元素，都展示了北宋时期城市的发展和建设风格。同时，画作中的人物形象也各具特色，从官员、商人、文人到市民、农民、艺人等，都展现了当时社会的多样性和丰富性。这些元素共同构建了一个真实而生动的古代城市画卷。

在展示城市风貌的同时，《清明上河图》还融入了深厚的人文精神。画中的场景和人物形象不仅展示了当时社会的风俗、习惯和礼仪，更体现了人们对生活的热爱和对美好未来的追求。例如，画中的商贩、市民在忙碌中不忘享受生活，儿童在街巷中嬉戏，农民在田地里辛勤劳作等场景，都展现了人们对生活的热爱和对幸福的向往。这种人文精神与城市风貌的融合，使得画作具有了深刻的人文内涵和历史价值。

2. 艺术风格与技巧的独特性

《清明上河图》的艺术风格和技巧也极具特色。首先，画作采用了长卷形式，使得画面的空间感和动态感得到了充分的展现。同时，画中的场景和人物形象都非常生动逼真，细节入微，使得观者仿佛置身于画中。此外，画作的色彩运用也十分巧妙，以淡雅色调为主，使得画面更加和谐、自然。

3. 对后世的影响与价值

《清明上河图》作为中国古代绘画的经典之作，对后世产生了深远的影响。它不仅展示了古代城市风貌和社会生活的真实面貌，更体现中国古代绘画的高度和独特性。同时，《清明上河图》也是中国艺术史上的重要宝藏，具有极高的历史价值、艺术价值和收藏价值。它不仅是中国艺术的瑰宝，也是全人类共同的文化遗产。

从美育角度来看，《清明上河图》展示了古代城市风貌与人文精神的融合，体现了中国古代绘画的独特魅力和审美情趣（图 4-16）。这幅杰作的艺术风格和技巧也极具特色，对后世产生了深远的影响。通过对《清明上河图》的鉴赏和学习，我们可以更好地了解和欣赏中国古代文化的瑰宝，更好地传承和弘扬中华文化的精髓。

图 4-16 《清明上河图》(局部)张择端

案例三:《汉宫春晓图》

《汉宫春晓图》是中国明代画家仇英的代表作之一,以长卷形式描绘了汉代宫廷的生活场景。这幅画作充满了浓郁的宫廷气息,展现了当时贵族生活的繁华与奢侈。从美育角度来看,《汉宫春晓图》展现了仇英对宫廷生活的独特视角和精湛技艺,同时也为我们提供了一个欣赏中国古代宫廷生活和传统文化的视角。

《汉宫春晓图》以长卷形式展现了汉代宫廷的生活场景,画面的构图和布局都非常巧妙。仇英通过细腻的描绘和丰富的色彩,将宫廷中的各个场景展现得淋漓尽致。画面中的人物形象栩栩如生,服饰华丽,礼仪规范,展现了宫廷中的庄重与威严。同时,画面中的景色也十分优美,花园、宫殿、桥梁等建筑错落有致,树木、花卉、溪流等元素点缀其间,使整个画面充满了生机与活力。艺术手法包括线描、色彩对比和渐变、明暗对比和透视等。

《汉宫春晓图》不仅是一幅精美的绘画作品,更是一幅具有丰富文化内涵的文物。它反映了汉代宫廷的生活方式、礼仪制度和文化风貌,为我们了解和认识汉代文化提供了重要的参考。同时,它也是中国古代绘画艺术的巅峰之作,对于我们了解中国古代绘画艺术的发展和演变有着重要的意义。

图 4-17 《汉宫春晓图》仇英

《汉宫春晓图》是中国古代绘画艺术的珍品之一，具有极高的艺术价值和丰富的文化内涵（图 4-17）。通过对这幅画作的鉴赏和学习，我们可以更好地了解和认识中国古代文化和艺术的发展和演变，也可以提高自己的审美素养和文化修养。

第四节　外国绘画

一、外国绘画的发展历程

1. 起源与早期发展

外国绘画的起源可以追溯到史前时期的洞窟壁画和岩画。这些早期的绘画作品反映了人类对自然和生活的观察和理解。在欧洲，史前时期的洞窟壁画，如法国的拉斯科洞窟和西班牙的阿尔塔米拉洞窟的壁画，以及后来的岩画，如法国的尼安德特人创作的作品，都是外国绘画的早期形式。

随着时间的推移，外国绘画逐渐发展成为一种独立的艺术形式。在古代，古埃及、古希腊和古罗马等文明古国的绘画作品具有很高的艺术价值。古埃及的壁画和浮雕作品，如描绘尼罗河泛滥的场景和法老的生活，具有浓郁的宗教色彩和严格的规范。古希腊和古罗马的绘画作品则注重对人物形象和故事的描绘，如瓶画、壁画和镶嵌画等。

2. 中世纪绘画

中世纪时期的绘画受到宗教和政治的影响较大，绘画作品大多以宗教故事、圣经场景和圣徒形象为主题，旨在传播宗教教义和唤起信徒的宗教情感。画面中的形象和元素往往具有特定的象征意义。人物形象通常较为刻板，缺乏真实的人体比例和生动的表情，姿态较为僵硬。色彩鲜艳而单纯，常使用金色来表现神圣和光辉。欧洲的哥特式教堂和拜占庭式教堂的壁画和镶嵌画是中世纪绘画的代表作品。除了教堂壁画和木版画，手抄本绘画也是重要的形式，精美的插图装饰着宗教书籍，这些作品具有浓厚的宗教色彩和精湛的技艺。

3. 文艺复兴时期的绘画

文艺复兴时期的绘画标志着欧洲艺术的一次重要复兴。在这个时期，绘画强调以人为中心，而非以神为中心，绘画作品开始展现人类自身的美、价值和尊严，关注人的情感、生活和个性。艺术家们开始追求对现实世界的真实描绘和个人情感的表达。画家们研究解剖学、透视学和光学，使得绘画中的人物形象更加真实准确，空间构图更具立体感和深度，包括细腻的笔触、丰富的色彩层次和逼真的质感表现，人物形象生动、优美，具有真实的人体比例和生动的表情。意大利是文艺复兴时期的中心地带，达·芬奇、米开朗基罗、拉斐尔等大师的作品成为这一时期的代表作品。他们的作品以精湛的技艺和对现实世界的精细描绘而著称，如达·芬奇的《蒙娜丽莎》和米开朗基罗的《创世纪》。

4. 17～19世纪的绘画

17～19世纪是西方绘画发展的一个重要时期。在这个时期，绘画风格和技术发生了很大的变化。荷兰的伦勃朗、西班牙的委拉斯凯兹和法国的洛兰等大师的作品都具有很高的艺术价值。他们的作品以对现实世界的深入观察和个人情感的表达而著称，如伦勃朗的《夜巡》和委拉斯凯兹的《教皇英诺森十世肖像》。同时，17～19世纪也是西方绘画流派多样化的时期。在这个时期，出现了许多不同的绘画流派，如巴洛克、洛可可、浪漫主义、现实主义等。每个流派都有其独特的风格和特点，如巴洛克的豪华装饰和强烈的情感表达，洛可可的轻盈优美和精致细腻。这些流派的多样性为西方绘画的发展注入了新的活力和动力。

5. 现代绘画

现代绘画是西方绘画发展的最新阶段。在这个时期，艺术家们对传统绘画技巧和方法进行了大胆的挑战和创新。毕加索、达利、康定斯基等大师的作品都是现代绘画的代表作品。他们的作品以对传统技法和观念的突破和创新而著称，如毕加索的《格尔尼卡》和达利的《记忆的永恒》。同时，现代绘画也注重对个人情感和社会问题的表达。艺术家们通过多样化的风格和技巧来探索和表达他们对现实世界的看法和感受。此外，现代绘画还受到现代艺术观念的影响，强调对形式和色彩的表现力，以及对材料和技术的实验和创新。

总之，外国绘画的发展经历了多个阶段和时期，每个阶段都有其独特的风格和特点。通过对历史时期的了解和研究，我们可以更好地理解外国绘画的发展历程和文化内涵，以及其对我们今天艺术创作的影响和启示。

西方绘画对中国绘画产生了深远的影响。随着西方文化的传入和中国现代化进程的加快，西方绘画的技术和观念逐渐被中国艺术家所接受和应用。一是中国画家开始研究和借鉴西方绘画的写实技法，如透视、解剖、光影的表现等，以增强画面的立体感和真实感；同时，西方绘画材料如油画颜料、画布等也被引入中国，一些画家尝试运用这些新材料进行创作。二是西方绘画强调个体的主观表达和创新精神，这给中国传统绘画中注重传承和程式化的观念带来冲击，使得中国画家在作品中更注重体现个人情感和独特视角。三是西方现代美术教育体系的引入，改变了中国传统的师徒传授模式。美术学院的建立，系统的课程设置，包括素描、色彩等基础训练，为培养新一代的中国画家提供了新的模式和方法。四是各种西方艺术思潮，如印象派、后印象派、立体主义、表现主义等的传入，为中国画家提供了新的思考和创作灵感，推动了中国绘画的多元化发展。与此同时，中国传统文化和美学观念也对西方绘画产生了影响，这种交流和融合促进了中国绘画的发展和创新，中国油画就是在引进西方油画技术和观念的基础上逐渐发展起来的。

二、案例赏析

案例一：《雅各与天使搏斗》

高更的《雅各与天使搏斗》是一幅引人深思的画作，它展现了艺术家对于原始、本真的追求，以及对于人与自然、神灵之间关系的探索。这幅画作以其独特的风格和深刻的内涵，成为艺术史上的经典之作。从美育角度来看，《雅各与天使搏斗》不仅展示了高超的艺术技巧，更引导我们深入思考人类与自然、神灵之间的关系，以及这种关系对我们的生活产生的影响。

1. 原始、本真的追求

高更在创作《雅各与天使搏斗》时，追求的是一种原始、本真的表达方式。他试图摆脱现代文明的束缚，回归到更为原始、自然的生活状态。在这幅画作中，我们可以看到高更对于自然、人类本真的向往。画中的场景、人物形象以及色彩运用都显得简洁而有力，给人留下深刻的印象。

2. 人与自然、神灵之间的关系

《雅各与天使搏斗》中展现了人与自然、神灵之间的一种特殊关系。画中人物形象虽然简单，但充满了力量和生命力。他们与自然融为一体，似乎成为自然的一部分。这种关系体现了高更的人与自然和谐共生的理念。同时，画中的人物形象也具有一定的神话色彩，他们似乎与神灵有着某种联系，这种联系为画作增添了一层神秘的色彩。

3. 对生活的启示

《雅各与天使搏斗》不仅是一幅艺术品，更是一种对生活的启示。它告诉我们，要回归自然、本真的生活状态，与自然和谐共生。同时，它也提醒我们，要寻找自己内在的力量，勇敢地与命运搏斗。

4. 艺术价值与社会意义

《雅各与天使搏斗》不仅具有极高的艺术价值，也具有深刻的社会意义。从艺术价值角度来看，这幅画作展现了高更高超的绘画技巧和独特的艺术风格。高更的绘画手法简洁而有力，色彩运用独具匠心，使得画面充满了力量和生命力。同时，这幅画作也具有深刻的社会意义。在现代社会中，随着科技的发展和文明的进步，人们逐渐失去了与自然的联系。而《雅各与天使搏斗》提醒我们，要重新审视自己的生活方式和价值观念，回归到更为健康、积极的生活状态（图4-18）。

图4-18 《雅各与天使搏斗》高更

案例二：《格尔尼卡》

《格尔尼卡》是毕加索的代表作之一，也是一幅充满力量和抗争精神的画作。这幅画以法西斯纳粹轰炸西班牙北部巴斯克的重镇格尔尼卡、暴力杀害无辜的事件为创作背景，展现了战争的残酷和人类不屈不挠的抗争精神。

在构图上，毕加索运用了大胆的创新手法，将画面呈现出一个倾斜的角度，营造出一种不安定的感觉。同时，画面中的元素和细节都充满了象征意义。例如，画面右边的妇女举着手从着火的屋子上掉下来，她的形象象征着战争中无辜的受害者；左边一个母亲与去世的孩子则代表了战争的残酷和人类的悲伤；地上有一个战士的尸体，他一手握剑，剑旁是一朵正在生长的鲜花，象征着人类不屈不挠的抵抗和生命的顽强；画中央是一匹老马，被一根由上而下的长矛刺杀，左边有一头举首顾盼地站着的牛，牛头与马头之间是一只举头张喙的鸟，这些形象则象征着战争中的暴力和死亡。

在色彩上，毕加索运用了黑、白、灰三色，营造出低沉悲凉的氛围，渲染了悲剧性色彩。这种色彩的运用不仅凸显了战争的残酷和悲伤，也强调了人类内心深处的悲痛和哀悼。

在形式上，《格尔尼卡》的画面整体呈现出非常明显的立体感。毕加索运用了立体主义的手法，将人物和物体以立体的形式呈现出来，使得画面更加具有深度和层次感。这种表现形式也强调了战争所带来的不只是一时的冲击，更是对人类内心深处的永久性伤害。

在深入分析《格尔尼卡》时，我们可以感受到毕加索是如何将多种艺术手法和风格融为一体，从而创造出一种强烈而独特的视觉冲击力。他打破了传统绘画的规则和界限，通过立体主义、象征主义和超现实主义等手法的运用，展现了战争的多个层面和其带来的深远影响。

画面的左侧，毕加索描绘了一头牛和马。牛代表残暴，画面中头白体黑的牛，人们理解为法西斯纳粹，毕加索曾表示，牛是残暴与恐惧的象征，马则代表人民所需要的所有美好事物和援助。毕加索采用了半具象半抽象的表现手法，对这些动物进行了变形和重组，使得它们既具有现实感，又充满了象征意义。

此外，画面中的女性和孩子形象也是毕加索重点刻画的对象。他们的存在强调了战争对无辜生命的摧残，同时也激发了观众对于和平和生命的珍视。毕加索通过简化和夸张的手法，突出了这些形象的悲剧性和象征性，使得观众无法忽视他们的存在。

毕加索还运用了拼贴和重叠的手法，将不同的元素和场景组合在一起，形成了一种复杂的视觉效果。这种手法的运用不仅增加了画面的层次感和深度，也使得观众可以从多个角度和层面去理解画面所传达的信息和情感。

在《格尔尼卡》中，毕加索以他独特的艺术语言和深刻的社会洞察力，成功地捕捉了战争的本质和人类的精神。这幅画作不仅展现了艺术的力量和魅力，也为我们提供了一个反思战争、追求和平的重要视角。通过对这幅画作的深入鉴赏

图 4-19 《格尔尼卡》毕加索

和学习,我们可以更好地理解历史、珍视和平,同时也能提高自己的审美素养和艺术鉴赏能力。

通过对《格尔尼卡》的鉴赏,我们可以深刻感受到毕加索对战争的控诉和人类不屈不挠的抗争精神。这幅画作不仅展现了个人的情感表达和艺术技巧,更代表了人类对战争的反思和对和平的追求。同时,《格尔尼卡》也提醒我们关注社会现实和人类的命运,激发我们对生命的尊重和对和平的渴望(图 4-19)。

案例三:《维特鲁威人》

达·芬奇的《维特鲁威人》是一幅充满智慧和艺术魅力的作品。它以正方形和圆形为基础,展现了人体比例的和谐之美。通过探索这幅作品,我们可以对达·芬奇的艺术风格和人体美学的精妙之处有更深入的了解。

这幅作品展现了达·芬奇对人体的精湛研究。通过对身体各部分的精细测量和绘制,他揭示了人体的完美比例,并将其与宇宙秩序联系在一起。这种探索和追求体现了文艺复兴时期人们对人体和宇宙之间关系的浓厚兴趣。达·芬奇在这幅作品中展示了两个不同的姿势,一个是站立的姿势,一个是展开双臂和双腿的姿势。这两个姿势的呈现不仅展示了人体在不同状态下的形态,也表达了人体在空间中的关系和动态。同时,这两个姿势也传递了一种平衡与和谐的感觉,使观者对人体的美产生强烈的感受。

达·芬奇在《维特鲁威人》中运用了精湛的绘画技巧。他巧妙地运用线条和阴影,将人体的轮廓和肌肉表现得淋漓尽致。这种精细的描绘方式不仅展示了达·芬奇对人体结构的深入了解,也使观者感受到了人体的真实和生命力。

这幅作品还传递了一种神圣的美感。达·芬奇认为人体是宇宙的缩影,是完美的艺术创作。他相信人体是上帝的杰作,通过《维特鲁威人》的呈现,他试图表达人体的完美与神性。这种神圣的美感使这幅作品具有了超越时代的价值，成为永恒的艺术瑰宝。

当我们深入观察《维特鲁威人》时，还会发现其中蕴含的数学之美。达·芬奇不仅是一位杰出的艺术家，还是一位对数学有着浓厚兴趣的科学家。在这幅作品中，他将人体的比例与数学的原理相结合，以正方形和圆形为基础，精确地描绘了人体的各个部分。这种对数学的运用，使画面具有一种理性和秩序的美感，让人感受到艺术与科学的完美结合。

此外，《维特鲁威人》还体现了达·芬奇对自然和人文主义的关注。他通过这幅作品，强调了人体的自然之美和内在的力量。他相信人体是大自然的杰作，是宇宙的一部分，应该被尊重和赞美。这种对自然和人文主义的关注，使达·芬奇的作品具有深刻的思想内涵和人文精神。

在色彩运用上，《维特鲁威人》也展示了达·芬奇的独特见解。他运用了柔和的色调和细腻的阴影，使画面呈现出一种温暖而神秘的氛围。这种色彩的运用不仅增强了画面的视觉效果，也表达了达·芬奇对人体和自然的敬畏之情。

同时，《维特鲁威人》还具有一种象征性的意义。它不仅体现了达·芬奇对人体美学的探索和理解，还表达了他自己作为艺术家和科学家的双重身份。通过这幅作品，达·芬奇试图传达出一种关于人类、自然和宇宙的哲学思考，引导观者思考生命和存在的意义。

总的来说，《维特鲁威人》是一幅充满智慧、艺术魅力和深刻内涵的作品（图4-20）。通过对这幅作品的深入鉴赏和学习，我们可以更好地理解达·芬奇的艺术风格和思想世界，同时也能提升我们对艺术、科学和人文主义的理解和认识。这幅作品不仅具有历史价值，也具有永恒的艺术魅力，让我们感受到人类对美和真理的不懈追求。

图 4-20 《维特鲁威人》达·芬奇

第五章
音乐艺术美

第一节　音乐艺术的基本要素
第二节　中国音乐
第三节　外国音乐

第一节　音乐艺术的基本要素

音乐艺术的基本要素是构成音乐的各种元素，它们相互结合，形成了音乐的独特魅力和表现力。以下是音乐艺术的基本要素。

一、节奏

节奏指的是音乐中音符的长短和强弱有规律的组合。它由节拍、速度、音符的时值等要素构成。节奏是音乐的基础，它决定了音乐的运动感和动力。节奏由音的长短和强弱组成，通过有规律的重复和变化，赋予音乐以鲜明的个性和情感色彩。快速而强烈的节奏带来兴奋、激昂的情绪，缓慢而稳定的节奏则营造出宁静、舒缓的氛围，为旋律提供基础和支撑，帮助旋律更好地展现其魅力。无论是激昂的摇滚，还是优雅的古典，无论是热情的拉丁，还是神秘的爵士，节奏都是音乐的灵魂所在，赋予了音乐独特的个性和魅力，让我们在这美妙的音律世界中陶醉、沉迷。

二、旋律

旋律是音乐的灵魂，它是一系列高低起伏的乐音按一定的节奏组织起来的。旋律能够表达情感，讲述故事，是音乐中最直接、最富有感染力的要素。它是音乐的灵魂和核心，是能够被人的听觉直接感知和记忆的主要元素。旋律不仅仅是音符的简单堆砌，而是通过巧妙的音程关系、节奏变化，以及重复、发展等手法，形成具有独特性格和情感表达的音乐线条。旋律是一串有起有伏、有急有缓的音乐，引领着听众在音乐的世界中漫步，感受其中蕴含的喜怒哀乐、优美宁静或者激昂澎湃。它可以是单一主题不断变化发展，也可以是多个主题相互交织呼应。旋律的魅力在于其无限的可能性和多样性，它能够以简洁明快的方式传达出丰富的情感和思想，让人们在聆听时产生联想、引发共鸣，并且留下深刻的印象。

三、和声

在音乐中，和声指的是两个或两个以上不同的音同时发声所形成的音响组合，它使音乐更加丰富和立体。和声包括和弦以及和声进行。和弦是由三个或更多乐音按一定法则重叠形成的音响组合。和声是音乐织体的重要组成部分，通过协调各个声部之间的音高关系，为旋律增添丰富的色彩和层次感。和声不是孤立的音符组合，而是遵循一定的规则和原理，这些规则包括和弦的构成、和弦的进行以及和声的功能等。和声使音乐更加丰满和富有立体感，在一段旋律中加入合适的和声，能够强化旋律的情感表达，营造出不同的氛围和情绪，如温暖、宏大、紧张、舒缓等。从简单的和弦伴奏到复杂的多声部合唱或交响乐中的和声编排，和声在丰富音乐的表现力、增强音乐的张力和推动音乐的发展方面都发挥着至关重要的作用。

四、力度

力度指的是音乐中音的强弱程度，它能够影响音乐的情感表达和氛围营造。它就像音乐的音量调节器，控制着音响的大小和强弱变化。力度的变化在音乐中具有极其重要的作用。轻柔的力度可以营造出宁静、神秘、细腻的氛围，让听众仿佛置身于静谧的月夜或轻柔的梦境之中；强烈的力度则能带来震撼、激昂、充满力量的感受，仿佛是汹涌的海浪或激昂的战斗号角。在一首乐曲中，力度的灵活运用能够塑造音乐的情感起伏和发展，从弱到强的过渡会制造出紧张感和期待感，而从强到弱的转变则带来舒缓和放松的效果。力度的变化还可以突出音乐的重点和强调某些重要的旋律或节奏，增强音乐的表现力和感染力，使听众更深刻地感受到音乐所传达的情感和内涵。

五、速度

速度即音乐进行的快慢，它决定了音乐的节奏感和风格特点，也决定了一首乐曲的整体节奏氛围和情感表达。较慢的速度，如慢板或柔板，会使音乐呈现出舒缓、沉稳、抒情的特质，让人能够静下心来，沉浸在一种深沉的情感氛围中，仿佛时间都变得缓慢，适合表达忧伤、沉思或宁静的情感。而较快的速度，如快板或急板，则会带来活泼、欢快、激动的感觉，充满活力和动感，能够激发人们的热情和兴奋之情，常常用于表现喜悦、狂欢或者紧张的场景。音乐速度的选择并非随意，而是与乐曲的风格、主题以及想要传达的情感紧密相关。同一首曲子在不同的速度下演奏，会产生完全不同的效果和情感体验。

六、调式

音乐的调式，是音乐中一组具有特定结构和音程关系的音高组合，它为音乐提供了一个基本的音高框架和旋律发展的基础。它是音乐中使用的音按一定的关系连接起来形成的体系，它以一个音为中心（主音），给音乐以特定的色彩和情感倾向。常见的调式有大调和小调。大调通常给人一种明亮、开朗、欢快的感觉。在大调中，主音与上方三度音构成大三度音程，整个音阶的音程关系呈现出一种较为和谐、稳定且积极的氛围。小调则往往营造出一种柔和、忧郁、悲伤或者神秘的情绪。小调的主音与上方三度音形成小三度音程，其音程结构带来的音响效果相对较为暗淡和内敛。除了大调和小调，还有一些其他的调式，如中国传统音乐中的五声调式（宫、商、角、徵、羽）、中古调式（伊奥尼亚调式、多利亚调式等）。调式决定了音乐的基本色彩和情感倾向。同一种旋律在不同的调式中演奏，会产生截然不同的音乐效果和情感表达。

七、曲式

曲式是音乐的横向组织结构，它决定了音乐的整体布局和发展。曲式为作曲家提供了一种有条理的方式来安排音符、旋律、节奏和和声，以创造出具有逻辑性和连贯性的音乐作品。常见的音乐曲式有多种类型，曲式的选择取决于音乐的内容、情感表达和创作意图。不同的曲式能够引导听众在音乐的旅程中有不同的感受和体验。单曲式更适合简洁明了地表达单一的情感或主题；而奏鸣曲式则适合展现丰富的情感变化和复杂的音乐发展。可见，音乐的曲式是音乐创作中的重要组织原则，它使得音乐作品具有清晰的结构和有序的发展，增强了音乐的表现力和吸引力。

八、织体

织体是多声部音乐作品中各声部的组合形态，它包括纵向结合（同时发声）和横向结合（相继发声）的关系。织体描绘了音乐在纵向上的音响层次和结构布局，就如同音乐的纹理，决定了音乐的丰富程度和立体感。织体分为单声部织体、主调织体和复调织体。单声部织体，只有一个单一的旋律线条，没有其他声部的伴随，如民间的一些独唱歌曲。主调织体，有一个突出的主旋律，通常位于高声部，同时伴有和声伴奏，旋律清晰明确，伴奏起到衬托和支持的作用，常见于许多流行歌曲和轻音乐。复调织体，则是多个独立的旋律线条同时进行，它们相互交织、呼应、对比，各自具有相对的独立性和完整性，如巴赫的赋格曲。此外，还有一些混合织体，结合了上述多种织体的特点。织体的变化能够极大地影响音乐的表现力和风格，单声部织体营造出简洁、质朴的氛围；主调织体可以突出旋律的优美和情感的直接表达；复调织体则展现出复杂、精巧的音乐智慧和丰富的音响效果。

九、音色

音乐的音色，指的是不同发声体或乐器所发出声音的独特品质。它是声音的一种属性,能够让我们区分各种声源。就如同每个人的嗓音都有独特的特点,乐器也各自拥有与众不同的音色,主要包括人声音色和乐器音色。音色不仅仅取决于乐器本身的构造和材质,演奏者的技巧、演奏方式以及音乐作品的风格和情感表达等因素也会对音色产生影响。即使是同一种乐器,通过不同的演奏手法,如揉弦、滑音、吐音等,也能产生丰富多样的音色变化。在音乐创作和演奏中,音色的选择和运用至关重要,恰当的音色能够准确地传达音乐作品所要表达的情感和氛围,增强音乐的表现力和感染力。

第二节　中国音乐

中国音乐,源远流长,具有深厚的历史文化底蕴和独特的艺术魅力。它融合了传统与现代、民族与国际的元素,展现出丰富多彩的音乐风格与流派。

一、历史脉络

中国音乐的历史可以追溯到远古时代,那时人们已经开始使用各种原始乐器。早在新石器时代,就出现了原始的乐器,如骨笛、陶埙等,这些古老的乐器见证了中国音乐的萌芽。先秦时期,《诗经》中的诗歌大多可以配乐演唱,"风、雅、颂"不仅是文学的瑰宝,也是当时音乐的重要表现形式。春秋战国时期的"钟鼓之乐",以编钟、编磬等大型乐器为代表,展示了当时音乐的高度发展和宫廷音乐的庄严与华丽。秦汉时期,乐府的设立推动了音乐的收集和整理,相和歌、鼓吹乐等形式丰富了音乐的种类。到了隋唐,音乐文化达到了鼎盛。燕乐的兴起,融合了各民族的音乐元素,琵琶等乐器得到了广泛应用,歌舞大曲更是规模宏大、结构复杂,展现出极高的艺术水准。宋元时期,说唱音乐和戏曲音乐逐渐兴起,如鼓子词、诸宫调、杂剧、南戏等,音乐更加贴近民众生活。明清时期,民间音乐蓬勃发展,民间小曲、说唱艺术、戏曲等形式多样,各具特色。随着历史的演进,中国音乐逐渐形成了独特的五声调式,讲究横向旋律的表现和单旋律的演奏方式。这种音乐特色在宫廷音乐、民间音乐、宗教音乐以及文人音乐中得到了充分体现。

二、形态、流派与风格

中国音乐拥有丰富多样的形态与流派,每个形态与流派都具有独有的特征,主要包括江南丝竹、广东音乐、潮州音乐、福建南音、陕北民歌、京剧、昆曲等,这些形态与流派各具特色,共同构成了丰富多彩的中国音乐文化。中国音乐风格多种多样,主要包括古典风格、民间风格、戏曲风格、流行风格、宗教风格和民族风格等。古典音乐以其深邃的内涵和悠扬的旋律著称,民间音乐则充满了地域性和民族性,还有融合了传统与现代元素的流行音乐,以及具有民族特色的民族音乐等。不同的风格与形态及流派相互影响、相互交融,共同构成了中国音乐丰富多彩的历史画卷。

三、名曲与名家

中国音乐史上涌现出了许多名曲和名家。名曲如《高山流水》是中国古代一首著名的琴曲,具有深厚的文化内涵和极高的艺术价值。《梅花三弄》是中国著名的古曲之一,通过对梅花洁白芬芳、凌霜傲雪的歌颂,来赞誉具有高尚节操的人。《阳春白雪》是中国经典的古曲之一,旋律清新流畅,节奏明快活泼,以其高雅、纯净的音乐风格而闻名。《二泉映月》由阿炳(华彦钧)创作并演奏,旋律深沉、悲怆,展现了他坎坷的人生经历和对命运的抗争。《彩云追月》旋律轻快灵动,描绘了浩瀚夜空彩云浮动的迷人景色。《广陵散》是我国现存古琴曲中唯一具有戈矛杀伐战斗气氛的乐曲。这些都是中国音乐文化的代表作,具有极高的艺术价值。

音乐的名家主要包括:聂耳,创作了《义勇军进行曲》等众多具有强烈时代精神的作品。冼星海,代表作《黄河大合唱》气势磅礴,激发了民众的爱国热情。贺绿汀,其《牧童短笛》具有浓郁的田园风格。在中国古代,也有许多杰出的音乐家。师旷为春秋时期晋国的乐师,精通音律。李延年为汉代音乐家,其"新声二十八解"深受欢迎。他们不仅在演奏技巧上达到了炉火纯青的境地,还在音乐创作和教育方面做出了重要贡献。

随着时代的进步和文化的交流,中国音乐也在不断发展和创新。现代中国音乐不仅保留了传统音乐的精髓,还吸收了西方音乐的元素和技巧,形成了新的音乐形态、风格和流派。流行音乐领域,将传统音乐元素与现代流行音乐风格相融合,创造出具有中国特色的流行歌曲。越来越多的学校重视音乐教育,开设各类音乐课程,培养了大批音乐人才。数字音乐平台的发展,使得音乐的传播更加便捷和广泛,音乐演出市场日益繁荣,从大型音乐节到小型音乐会,满足了不同观众的需求。中国音乐家积极参与国际音乐活动和合作项目,向世界展示中国音乐的魅力。同时引进了国外先进的音乐理念和技术,促进了中国音乐的发展。社会各界加大了对传统音乐的保护和传承力度,通过建立非遗保护项目、举办传统音乐演出等方式,让更多人了解和喜爱传统音乐(图5-1)。

图 5-1 传统音乐演奏

四、案例赏析

案例一:《二泉映月》

《二泉映月》这首二胡独奏曲,不仅仅是一首音乐作品,更是蕴含深厚美育价值的艺术瑰宝。从美育的视角出发,我们可以深入领略其独特的艺术魅力,感受它所传递的美的力量。

从情感性来看,《二泉映月》以其深沉悲怆的旋律,表达了作者阿炳饱尝人间辛酸和痛苦的内心情感。作品将阿炳的思绪情感通过独特的民间演奏技巧与风格展现得淋漓尽致,使得听众能够深刻感受到音乐所传递的情感与价值。这种情感性的表达,正是美育中感性教育的重要方式,它使人们在欣赏音乐的同时,更好地认识世界,提升感性认识的深度和广度。

从自由性来看,在《二泉映月》演奏过程中,演奏者需要充分发挥自己的主体性和创造性,通过灵活运用指法和弓法,使音乐表达更加丰富。这种追求艺术美、鉴赏美和创造美的过程,体现了美育中的自由性特点。它鼓励人们主动自觉地感受美、追求美、塑造美,追求个体精神自由和实现自我价值。

从实践性来看,《二泉映月》对演奏者的技艺要求极高,需要掌握丰富的演奏技巧,如弓法的力度变化、指法的滑动和颤动等。这些技巧的学习和实践,正是美育中引导学生投身于艺术实践活动的体现。通过不断地练习和演奏,学生不仅能够提升自己的艺术修养和表现力,还能够培养艺术兴趣和热情,增强创造力和探究力。

从社会性来看,《二泉映月》作为具有广泛影响力的音乐作品,通过其独特的艺术魅力和深刻的情感表达,引发了人们对音乐艺术的关注和思考。这种社会性的影响,也是美育中通过社会实践活动来开展的重要方面。通过组织音乐会和艺术展览等活动，可以引导学生更深入地了解音乐艺术，培养他们的审美情感和审美理想。

《二泉映月》这首作品在美育中具有重要的价值。它以其独特的艺术魅力，引导人们感受美、追求美、创造美，提升人们的审美情感和审美品位。同时，通过实践性的演奏学习和社会性的艺术传播，这首作品也促进了音乐艺术的传承和发展，为培养具有高尚审美情操和创造力的人才做出了积极贡献。

案例二：《高山流水》

《高山流水》是中国传统音乐中一颗璀璨的明珠，其深厚的美学内涵与卓越的艺术价值，使得这首曲子成为美育教育中不可或缺的经典之作。从美育的角度出发，我们可以深入挖掘《高山流水》这首作品所蕴含的审美价值、艺术特色及其对个体审美能力的提升作用。

《高山流水》以音乐为媒介，展现了大自然的壮美景色与和谐氛围。曲子以"高山"与"流水"为主题，通过独特的演奏技巧和音乐语言，将高山的雄伟与流水的灵动生动地呈现在听众面前。这种以音乐描绘自然的手法，不仅让人们领略到大自然的鬼斧神工，更能够激发人们对自然的敬畏与热爱之情。在美育教育中，这种对自然的赞美与敬畏，有助于培养人们的环保意识与生态观念，促进人与自然的和谐共生。

《高山流水》体现了中国传统音乐艺术的独特魅力与深刻内涵。这首曲子在旋律、节奏、音色等方面都展现了极高的艺术水准，其古朴典雅的风格与深邃的内涵，使得这首曲子成为中国传统音乐的代表作之一。通过赏析《高山流水》，人们可以领略到中国传统音乐的独特韵味与审美特征，从而加深对中华文化的理解与认同。在美育教育中，这种对传统文化的传承与弘扬，有助于培养人们的文化自信与民族自豪感。

《高山流水》还具有强烈的情感表达与心灵触动作用。这首曲子通过音乐的力量，将人们的情感与思绪引向深远之处，使人们在欣赏音乐的同时，也能够感受到心灵的洗礼与升华。在美育教育中，这种情感表达与心灵触动的作用，有助于培养人们的审美情趣与情感素养，使人们更加善于用艺术的方式表达自己的情感与思想。

《高山流水》还体现了音乐艺术的创新与发展。这首曲子在传承传统音乐的基础上，融入了现代音乐元素与演奏技巧，使得整首曲子既具有古典韵味又不失现代感。这种创新与发展的精神，正是美育教育所倡导的理念之一。通过赏析《高山流水》，人们可以认识到艺术创新的重要性与价值，从而激发自己的创造力与想象力，推动艺术事业的不断发展。

案例三:《渔舟唱晚》

古筝曲《渔舟唱晚》是一首充满艺术魅力的作品,从美育的角度进行赏析,可以深入领略其独特的音乐美感和文化内涵。

从乐曲的旋律和结构来看,《渔舟唱晚》的曲调优美,如蓝天上的行云,似山涧中的流水。它节奏感强,快慢强弱对比明显,音乐效果明显,表现力突出。乐曲分为慢板和快板两部分。慢板部分旋律优美柔和,展现出如诗如画的湖滨晚景,给人以"唱晚"之意,仿佛能使人暂时忘却世俗的喧嚣,回归到心灵的净土。快板部分则节奏加快,音乐力度加强,表现了渔舟近岸、渔歌飞扬、浪花点点,渔民们怀着喜悦的心情满载而归的热烈欢快情景。

从乐曲的音色和演奏技巧来看,《渔舟唱晚》充分发挥了古筝的音色特点,通过左手的按、滑等技巧,以及古筝特有的催板奏法,使乐曲的旋律更加丰富多彩。乐曲中的三连音、花指等技巧的运用,使得音乐更加亮丽,表现出渔夫归航时奋力破浪前进的激昂情绪。

从乐曲的意境和文化内涵来看,《渔舟唱晚》的曲名取自唐代诗人王勃的《滕王阁序》中"渔舟唱晚,响穷彭蠡之滨"的诗句,形象地表现了古代江南水乡夕阳西下的晚景中,渔舟纷纷归航,江面歌声四起的动人画面。乐曲将古典诗词的意境与音乐完美融合,展现出一种古朴典雅、宁静致远的艺术境界。这种境界不仅是对自然美景的描绘,更是对人生哲理的深刻诠释。它告诉我们,在繁忙喧嚣的生活中,我们应该学会放慢脚步,欣赏身边的美好,感受生活的真谛。

古筝曲《渔舟唱晚》是一首具有深厚艺术内涵和美育价值的作品。它通过优美的旋律、丰富的音色和独特的演奏技巧,展现了中国传统音乐的魅力。同时,它也传递了一种宁静致远、回归自然的生活哲学,对于提升我们的审美情趣、陶冶性情具有积极的作用。因此,我们应该积极推广和传承这首作品,让更多的人能够领略到其独特的艺术魅力。

第三节 外国音乐

外国音乐作为世界文化多样性的重要体现,以其独特的魅力吸引着人们的目光。外国音乐不仅仅是艺术的表现,更是文化的传承和交流的媒介。通过外国音乐,我们可以了解到不同国家、不同民族的文化传统和思想观念。外国音乐也承载着丰富的社会价值,它能够激发人们的情感共鸣,传递正能量,促进社会和谐与进步。本节将带您走进外国音乐的奇妙世界,领略其丰富多彩的艺术风貌。

一、历史脉络

外国音乐的历史可以追溯到古代文明时期,经历了漫长而复杂的发展过程。从古希腊、古罗马时期的古典音乐,到中世纪教堂音乐的兴起,再到文艺复兴时期音乐的繁荣,外国音乐逐渐形成了自己独特的风格和特色。随着时代的变迁,外国音乐又经历了巴洛克、古典主义、浪漫主义、现代主义等不同阶段的演变,不断推动着音乐艺术的发展和创新。

二、风格与流派

外国音乐涵盖了众多风格和流派,每一种风格都有其独特的艺术特点和表现形式。古典音乐以其优雅、庄重的特点著称,通过交响乐(图 5-2)、室内乐等形式展现其深厚的艺术内涵。爵士乐则以其自由、即兴的演奏方式,展现出独特的节奏感和音乐魅力。此外,还有流行音乐、摇滚乐、电子音乐等多种风格,它们各自具有独特的音乐语言和表达方式,为外国音乐增添了无尽的色彩。

图 5-2 交响乐

三、名曲与名家

外国音乐史上涌现出了许多经典作品和杰出的音乐家。贝多芬的交响曲、巴赫的复调音乐、莫扎特的歌剧等作品,以其卓越的艺术成就和深刻的思想内涵,成为外国音乐宝库中的瑰宝。同时,像贝多芬、巴赫、莫扎特这样的音乐家,他们的才华和创造力也为外国音乐的发展做出了巨大贡献。

欣赏外国音乐需要一定的知识和技巧。我们可以通过学习音乐基础知识,了解不同风格和流派的特点,提升自己的音乐鉴赏能力。同时,也可以通过参加音乐会、音乐节等活动，亲身感受外国音乐的魅力。在欣赏外国音乐的过程中，我们可以逐渐领悟到音乐的美妙之处，感受它带给我们的愉悦和感动。

四、案例赏析

案例一：贝多芬的《命运交响曲》

《命运交响曲》是贝多芬最为著名的作品之一，也是交响乐历史上的一座丰碑。这首作品创作于1804~1808年，是贝多芬在耳朵失聪后仍然坚持创作的结果。作品表现了贝多芬与命运顽强抗争，以及对生活的热爱和对光明和自由的渴望。

《命运交响曲》以四个乐章的形式展现了贝多芬对命运的看法和对生活的态度。

第一乐章以"命运在敲门"的警语开头，通过单簧管与弦乐的齐奏，展现了一种紧张而激动人心的氛围。这个乐章的主题就是"命运"，它以激昂有力的气势，展现了贝多芬对命运的挑战和抗争。通过圆号对第一主题的号角式变奏，引出了明朗、抒情的第二主题。这个乐章是贝多芬与命运的激烈斗争的写照，表现了他坚韧不拔的意志和对生活的热爱。

第二乐章是一首优美的慢板，表现了贝多芬在面对困难时内心的柔情和对生活的热爱。这个乐章以简单而纯朴的主题为基础，展现了一种宁静而深沉的美。

第三乐章以一种戏剧性的气氛展现了贝多芬对人生和命运的思考。这个乐章采用了奏鸣曲式，通过对第一乐章的回顾和对未来的展望，表现了贝多芬对人生的复杂性和不可预测性的思考。

第四乐章是全曲的高潮，以一种胜利和喜悦的气氛结束了这首作品。这个乐章采用了轮旋曲式，通过对第一乐章的重复和变形，表现了贝多芬对战胜命运的喜悦和对生活的希望。

《命运交响曲》中，贝多芬运用了丰富的音乐元素，使得作品充满了力量和生命力。首先，作品的旋律优美而富有感染力，无论是第一乐章的紧张气氛，还是第二乐章的柔情慢板，都让人深受感染。其次，贝多芬在作品中运用了复杂的节奏和音色变化，使得作品充满了张力和动态感。此外，他还巧妙地运用了和声和复调等音乐手法，使得作品在结构上更加紧密。

《命运交响曲》作为贝多芬的代表作之一，对交响乐历史产生了深远的影响。它不仅将交响乐这一艺术形式推向了新的高度，同时也为后来的音乐家提供了宝贵的启示和借鉴。这首作品告诉我们，音乐不仅是一种艺术形式，更是一种对生活和命运的表达和思考。同时也提醒我们，要在困难面前保持坚韧不拔的意志和对生活的希望。

《命运交响曲》作为经典的音乐作品，具有极高的美育价值和社会意义。首先，通过对于这首作品的鉴赏和学习，我们可以提高自己的审美素养和音乐鉴赏能力。其次，这首作品也为我们提供了思考人生的机会，帮助我们更好地理解生活的复杂性和不可预测性。最后，这首作品也为我们提供了面对困难和挑战时的勇气和力量，让我们更加珍惜和热爱生活。

案例二：莫扎特的《安魂曲》

这首作品以其优美的旋律、深情的歌词和感人的情感表达，成为莫扎特最著名的作品之一。莫扎特的《安魂曲》不仅是音乐史上的杰作，更是人类对生与死、生命意义深刻反思的艺术体现。这首作品以其深沉、庄重的音乐语言，为听众提供了一个关于生命与死亡、希望与绝望的深刻思考空间。

《安魂曲》源于天主教告慰逝者的弥撒仪式，是一种特殊类型的弥撒曲。随着"安魂弥撒"的发展，其功能已不再局限于宗教仪式中悼念亡灵，而逐渐拓展为悼念逝者、安抚后人甚至作为独立的音乐审美而存在的音乐形式。莫扎特的《安魂曲》正是他借用"安魂弥撒"这种宗教音乐范式来表达个人生死观的作品。他以自己的方式，通过这首作品对生命、死亡进行了深入的思考和探索。

从音乐风格来看，《安魂曲》展现了莫扎特晚期创作的成熟与深沉。这首作品中的音乐语言丰富多变，既有宏大的合唱段落，又有细腻的二重唱和独唱。莫扎特巧妙地运用各种音乐元素，如旋律、节奏、和声、音色等，来表达对生与死的不同情感和思考。

从美育鉴赏的角度，莫扎特的《安魂曲》具有极高的价值。首先，这首作品以其深刻的思想内涵和完美的艺术形式，成为交响乐历史上的经典之作。其次，《安魂曲》也为我们提供了思考人生和死亡的机会，帮助我们更好地理解生命的价值和意义。

一是情感表达，莫扎特的《安魂曲》以其深情的音乐语言，表达了生与死、悲欢离合的情感纠葛。听众可以在欣赏这首作品的过程中，感受到作者对生命的热爱、对死亡的恐惧以及对人生意义的探索。

二是音乐形式创新，《安魂曲》在音乐形式上也有所创新。莫扎特将传统的宗教音乐形式与世俗音乐元素相结合，使得这首作品既有宗教的庄重感，又不失世俗的亲切感。这种创新对后来的音乐创作产生了深远的影响。

三是和声与旋律，莫扎特在《安魂曲》中运用了丰富的和声和旋律手法，使得这首作品在音乐上极具表现力和感染力。听众可以感受到作者对和声与旋律的巧妙运用，从而达到情感共鸣的效果。

四是文化价值，《安魂曲》作为西方音乐史上的经典之作，不仅具有极高的艺术价值，还具有重要的文化价值。通过了解这首作品，听众可以深入了解当时的社会文化背景、宗教信仰以及人们对生死观的思考。

此外，《安魂曲》还具有深刻的社会意义。它不仅反映了莫扎特个人对生命和死亡的看法，也代表了人类对生命和死亡的普遍思考和探索。这首作品以音乐的形式，传递了人类对生命的敬畏和对死亡的恐惧，同时也表达了人类对生命的热爱和对未来的希望。

莫扎特的《安魂曲》是一首具有深刻思想内涵和完美艺术形式的音乐杰作。它不仅展现了作者高超的音乐才华，也呈现了人类对生命与死亡、希望与绝望的深刻思考。通过对这首作品的鉴赏和学习，我们可以提高自己的审美素养和音乐鉴赏能力，同时也能更好地理解人类文化和艺术的发展历程。

第六章
雕塑艺术美

第一节　雕塑艺术概述
第二节　雕塑的种类
第三节　雕塑的艺术特点
第四节　中外雕塑名作赏析

第一节　雕塑艺术概述

雕塑艺术呈现的是三维空间的实体形态，使观众可以从不同的角度欣赏作品，感受作品所传达的情感和意境。在雕塑艺术中，艺术家们通过对材料的娴熟运用和精湛技艺，将一块块原本普通的物质材料塑造成具有生命力和情感的作品。从美育角度来看，雕塑艺术具有深远的影响力，它不仅能够培养人们的审美能力和艺术素养，还能够引发人们对生活的思考和感悟。

一、雕塑的概念

雕塑是一种具有独特魅力的艺术形式，它通过三维空间的造型和雕刻，将艺术家的创作理念和情感体验凝固为静止的视觉作品。雕塑是一种具有深厚历史底蕴和丰富表现力的艺术形式。它主要利用雕塑刀、木、石、泥、陶等材料进行创作，通过雕、刻、塑等手法，创造出具有一定空间的可视、可触的艺术形象。雕塑作品可以反映社会生活，表达艺术家的审美感受、审美情感、审美理想。

二、雕塑艺术美的表现形式

1. 形态美

雕塑艺术的形态美主要体现在造型和结构上。优秀的雕塑作品往往具有独特的形态和线条，能够吸引人们的注意并引发人们的思考。形态美不仅要求雕塑家对形态精准把握，也要求他们具备创新意识和个性化的表达方式。

2. 材质美

雕塑艺术的材质美主要表现在材料的质感和纹理上。不同的材质具有不同的美感，如金属的冷峻、石材的坚硬、木材的温润等。雕塑家通过对材料的巧妙运用，将材料的独特美感与创作理念完美结合，创造出具有深刻内涵的作品。

3. 意蕴美

雕塑艺术的意蕴美是指作品所蕴含的思想、情感和意义。优秀的雕塑作品往往具有深刻的意蕴，能够触动人们的内心并引发共鸣。意蕴美要求雕塑家具备敏锐的社会洞察力和丰富的人文素养，将个人的情感体验融入作品中，让观众在欣赏作品的同时，也能够感受到作者的情感和思想。

三、雕塑艺术美的审美体验

欣赏雕塑艺术的美，需要人们运用感知、想象、理解和情感等多种心理要素。

在欣赏过程中，观众不仅能够感受到雕塑作品的形态美、材质美和意蕴美，还能够从中获得深刻的审美体验。

1. 感知与想象

欣赏雕塑艺术首先需要运用感知能力来捕捉作品的基本形态和结构。同时，观众需要通过想象来补充和丰富作品中的未尽之意，使作品的意义更加完整和深刻。感知与想象的运用有助于观众深入理解作品的内涵和美感。

2. 理解与感悟

雕塑艺术往往表达了作者对社会、历史或自然的理解和感悟。观众在欣赏过程中需要运用自己的知识和经验，对作品进行深入解读，从而引发对生活和社会的思考。这种理解与感悟不仅能够提高观众的艺术素养，也能够丰富他们的精神世界。

3. 情感体验

雕塑艺术作品常常传达着作者的情感，如欢乐、悲伤、希望、愤怒等。观众在欣赏过程中会不自觉地与作品产生情感共鸣，感受到作者的情感表达。这种情感体验不仅能够激发观众的审美情感，还能够加深他们对作品的理解和感悟。

四、雕塑艺术美的教育意义

1. 提高审美能力

欣赏雕塑艺术能够培养人们的审美能力和艺术素养。通过观察和欣赏不同类型的雕塑作品，观众可以逐渐提高自己的审美眼光和判断力，形成对美的独特认知和理解。这种审美能力的提高不仅有助于个人的全面发展，也有助于推动社会的文化进步。

2. 培养创新思维

雕塑艺术是一种创造性的活动，它要求艺术家具备创新意识和想象力。观众在欣赏雕塑作品的过程中，可以受到艺术家创新思维的启发，从而培养自己的创新意识和能力。这种创新思维的培养不仅有助于个人的成长和发展，也有助于推动社会的创新和进步。

3. 增强人文素养

雕塑艺术往往涉及社会、历史、文化等方面的人文知识。观众在欣赏雕塑作品的过程中，可以了解不同时期、不同地域的文化传统和社会风貌，从而增强自己的人文素养。这种人文素养的提高不仅有助于个人的成长和发展，也有助于推动社会的文明进步。

4. 激发情感表达

雕塑艺术作品常常传达着作者的情感，如欢乐、悲伤、希望、愤怒等。这种情感表达的激发不仅有助于丰富观众的情感世界，也有助于提高他们的情感表达能力和人际交往能力。

5. 拓宽艺术视野

雕塑艺术是一种跨越时空的艺术形式，它涵盖了各个时期、各个地域的艺术风格和特点。通过欣赏不同类型、不同风格的雕塑作品，观众可以拓宽自己的艺术视野，了解和认识更多的艺术形式和表现方式。这种视野的拓宽有助于提高观众的艺术素养，丰富他们的精神世界。

从美育角度来看，雕塑艺术具有深远的教育意义。通过欣赏和创作雕塑作品，人们可以提高审美能力、培养创新思维、增强人文素养、促进文化交流、培养耐心与毅力、激发情感表达、提高空间意识、培养社会责任感、拓宽艺术视野和促进自我成长。这些方面的提高和发展对于个人的全面成长以及社会的进步都具有重要的意义。

第二节　雕塑的种类

雕塑的种类多种多样，可以从表现形式、制作目的和用途、使用材料等方面进行分类。

一、按表现形式分类

1. 圆雕

这种雕塑类型指的是完全矗立在空间里，不用任何背景，可以让人们从各个方面、各个角度观赏的一种立体形式的雕塑作品。

2. 浮雕

浮雕是基于平面来雕刻出凸起形象的一种雕塑类型，大部分比较依赖背景的烘托，而且要求人们从一定角度观赏。去掉底板的浮雕则称透雕（镂空雕）。把浮雕的底板去掉，从而产生一种变化多端的负空间，并使负空间与正空间的轮廓线有一种相互转换的关系。这种手法过去常用于门窗、栏杆、家具上，有的可供两面观赏。

二、按制作目的和用途分类

1. 架上雕塑

架上雕塑是指雕塑家个人探索性较强、创作风格较明显、受公共环境因素制约较少的一类体量较小的雕塑，因多在轴架上完成而得名，主要用于展览、展示或教学。

2. 建筑园林雕塑

建筑园林雕塑作为建筑装饰或环境装饰的雕塑，是一种与建筑和园林环境相互融合、相互映衬的雕塑艺术形式。建筑园林雕塑是建筑与园林艺术中不可或缺的组成部分，为人们创造出富有艺术魅力和文化内涵的空间环境。

3. 纪念碑雕塑

纪念碑雕塑是一种具有特殊意义和价值的雕塑形式。它通常是为了纪念重大历史事件、人物或群体而创作，具有强烈的纪念性、庄严性和永久性。纪念碑雕塑不仅是艺术作品，更是历史和文化的重要载体，具有深远的社会影响和文化价值。

4. 室内装饰雕塑

室内装饰雕塑是用于美化和点缀室内空间的雕塑艺术品，如用于室内装饰的浮雕壁画、雕塑摆件等。考虑到室内空间的大小和布局，它通常尺寸较为适中，是室内设计中一种极具表现力和魅力的元素，能够为人们创造出更具个性和美感的室内环境。

三、按使用材料分类

可分为木雕、石雕、牙雕、骨雕、漆雕、贝雕、根雕、冰雕、泥塑、面塑、陶瓷雕塑、石膏像等。

以上是雕塑的一些基本分类方式，实际上，雕塑艺术的形式和表现方式非常多样，随着时代的发展，新的形式和材料也在不断涌现。

第三节 雕塑的艺术特点

一、立体性

雕塑是一种空间造型艺术，它通过在三维空间中塑造、刻画或构建实体形象来表现艺术家的思想和情感。因此，雕塑作品具有强烈的立体性，能够给人以深刻的视觉印象。艺术家通过运用各种材料和技术，如石材、木材、金属等，将平面的绘画转化为立体的造型。这种从平面到立体的转变，使得雕塑作品具有更强的视觉冲击力和表现力。同时，雕塑的立体性也使得观众可以从不同的角度欣赏作品，感受艺术家所营造的空间感和形态美。

二、可触摸性

雕塑是一种可触摸的艺术形式，观众可以通过直接接触雕塑作品来感受其质感和温度。这种可触摸性不仅增强了观众与作品之间的互动，也使得雕塑作品能够更好地传达艺术家的情感和思想。艺术家通过运用不同的材料和技术，如大理石、青铜、木材等，创造出各种质感和温度的作品。观众可以通过触摸来感受这些不同的质感，从而更深入地理解艺术家的创作意图和作品所传达的情感。

三、表现力

雕塑是一种表现力极强的艺术形式，能够通过各种造型手段来表现艺术家的情感和思想。艺术家可以通过对形态、线条、肌理等元素的把握，创造出具有强烈表现力的作品。在一些雕塑作品中，艺术家通过运用简洁的线条和几何形态，表现出了强烈的现代感和抽象性。而在另一些作品中，艺术家则通过刻画人物的面部表情和身体语言，表现出了深刻的人性和情感。这些具有表现力的雕塑作品，不仅能够吸引观众的眼球，还能够触动观众的情感和心灵。

四、物质性

雕塑是一种物质性的艺术形式，通过将材料加工和塑造成为具体的形象来表现艺术家的思想和情感。因此，雕塑作品能够给人以深刻的触感和视觉印象。艺术家通过运用各种材料和技术，如石材、木材、金属等，将原材料加工为具有表现力的艺术品。这些材料不仅具有各自的特性和美感，还能够表现出艺术家的创作意图和情感。同时，雕塑的物质性也使得观众可以更加真实地感受到作品的实体存在和艺术家的创作过程。

五、历史性

雕塑是一种具有历史性的艺术形式，记录了人类文明的发展历程和艺术家的思想情感。在不同的历史时期和文化背景下，雕塑作品具有不同的风格、技法和主题。通过对雕塑作品的研究和分析，我们可以了解不同历史时期的文化传统、社会背景和艺术发展水平。同时，通过对雕塑作品的欣赏和学习，我们也可以提高自己的审美能力和文化素养。

从美育角度来看，雕塑的艺术特点主要表现在立体性、可触摸性、表现力、物质性和历史性等方面。通过对这些特点的学习和把握，我们可以更好地欣赏和理解雕塑作品所蕴含的美感和文化价值。

第四节 中外雕塑名作赏析

一、中国雕塑名作赏析

1. 秦始皇兵马俑

秦始皇兵马俑是中国古代雕塑艺术的杰出代表，具有极高的美学价值和文化意义（图6-1）。它是中国古代文化和历史的重要载体，通过了解作品背后的故事和文化内涵等方面的知识，我们可以更好地了解和传承中华文化的精髓，同时，也可以激发我们的创造力和想象力，为我们的艺术创作提供更多的灵感和思路。

图6-1 秦始皇兵马俑

（1）艺术手法与表现

秦始皇兵马俑的规模宏大，数量众多，且每一个都经过精心的设计和制作。整个兵马俑坑布局严谨，仿佛是秦朝军队的缩影，生动地展现了秦朝军队的威武和气势。每一个兵马俑都有独特的造型和表情，从发式、衣着、姿势到装备、表情等细节方面都各不相同。这些兵马俑的面部表情非常生动，有的严肃，有的微笑，有的忧虑，展现出了秦朝军队中不同人物的形象和性格特点。

秦始皇兵马俑的制作工艺非常精湛，采用了陶冶烧制的方法，使得兵马俑的表面光滑而坚硬。同时，兵马俑的内部也经过精细的制作和处理，使得整个兵马俑坑的结构和布局显得非常严谨和精致。在材料方面，秦始皇兵马俑采用高岭土、黏土、石英砂等材料制成，这些材料经过高温烧制后形成了坚硬的陶质材料，不仅具有很好的耐久性，还能够保持兵马俑的颜色和质感。

（2）文化内涵与历史意义

秦始皇兵马俑作为中国古代文化的重要代表之一，不仅具有极高的艺术价值，还蕴含着丰富的文化内涵。兵马俑的造型和表情等细节方面都展现出了中国古代文化中礼仪、制度、技艺等方面的特点。同时，兵马俑也是中国古代军事文化的重要代表之一，通过观察兵马俑的造型和装备等细节，我们可以了解到秦朝时期的军事制度、武器装备和战术等方面的信息。秦始皇兵马俑还是中国古代工艺文化的重要代表之一。通过观察兵马俑的制作工艺和材料等方面细节，我们可以了解到中国古代陶器工艺的发展水平和技术特点。

此外，秦始皇兵马俑的造型和表情等细节也展现出了中国古代文化中的民族特色和艺术风格。兵马俑的面部表情非常生动和逼真，通过观察这些面部表情，我们可以了解到不同人物的性格和心理特点。同时，兵马俑的造型和装备等细节也展现出了中国古代文化中礼仪、制度等方面的特点，具有鲜明的民族特色和艺术风格。

2. 乐山大佛

乐山大佛是位于中国四川省乐山市的一尊古代佛教石刻雕塑，是世界文化遗产之一（图6-2）。

乐山大佛高达71米，是世界上最大的石刻佛像之一，给人以强烈的视觉冲击力和震撼感。在古代，人们建造大佛是为了弘扬佛教文化，表达对佛祖的崇敬之情，同时也体现了古人对艺术的追求和劳动人民的智慧。

（1）艺术手法与表现

乐山大佛的雕刻技艺十分精湛，佛像面部圆润，神态庄重，衣纹流畅，栩栩如生。整个佛像雕刻得非常细致，甚至连佛像的眼球都是用黑色大理石镶嵌而成，让人感

图6-2　乐山大佛

受到古代艺术家们的精湛技艺和对细节的关注。

（2）文化内涵与历史意义

乐山大佛是佛教艺术的杰作之一，它代表了佛教文化的精髓和信仰。大佛的开凿始于唐代，历经三个朝代，历时90年才得以完成。在古代，人们相信佛像能够保佑百姓安居乐业，因此建造大佛是一种祈福的方式。同时，大佛也是古代四川地区文化、经济、宗教等各方面繁荣的象征。

乐山大佛是中国古代文化遗产中的重要组成部分，具有深远的历史意义。它见证了中国佛教文化的繁荣和发展，也展示了古代四川地区的文化、经济和宗教实力。同时，乐山大佛也是中国传统文化与外来文化相互交融的产物，体现了中华文化的包容性和创新性。

（3）美学价值与启示

乐山大佛的美学价值不仅在于其雄伟壮观、工艺精湛、文化内涵丰富、历史意义重大和地域特色鲜明等特点，更在于它所传递的一种信仰和精神力量。在欣赏乐山大佛时，人们不仅能够感受到古代艺术家的智慧和技艺，更能感受到一种超越时空的精神力量，这种力量能够激励人们追求美好生活、珍惜当下、关爱他人，从而达到美学教育的目的。此外，乐山大佛还具有旅游价值和社会意义。作为世界文化遗产之一，乐山大佛每年吸引着成千上万的游客前来参观和朝拜，为当地经济和文化发展带来了巨大的推动力。同时，乐山大佛也是传承和弘扬中华文化的重要载体，它让更多的人了解和认识中华传统文化和艺术的价值和魅力。

3. 南山海上观音像

三亚南山海上观音像高达108米，是全球最大的白衣观音造像之一，规模宏大、雄伟壮观（图6-3）。在视觉上，这座雕塑以其高耸入云、直插蓝天的气势给人留下了深刻的印象。其巨大的身形和优雅的姿态，传达出一种强大的力量感和永恒的宁静感，使人感受到观音菩萨的威严和慈悲。

图6-3　南山海上观音像

（1）文化内涵与地域特色

三亚南山海上观音像不仅是一座宗教雕塑，更是一件凝聚了深厚文化内涵的艺术品。这座雕塑的设计灵感源于佛教文化中观音菩萨的慈悲和智慧，是佛教文化传承和发展的重要象征。通过精湛的雕刻技艺和细腻的表情刻画，雕塑展现了观音菩萨的慈悲、智慧和无私奉献的精神品质，使人们感受到一种强烈的信仰力量和心灵寄托。

三亚南山海上观音像地处南海之滨的三亚市，与周围的海景相得益彰。在雕塑的设计中，融合了大量的海洋元素，如海浪、海螺、海星等，使雕塑与周围的海景相互呼应，彰显了三亚的地域特色和文化底蕴。此外，雕塑还融合了中国传统建筑元素，如斗拱、檐角等，使其具有鲜明的中国风格和民族特色。

（2）美学价值

三亚南山海上观音像作为一件大型雕塑作品，具有很高的美学教育价值。通过欣赏这座雕塑，人们可以了解佛教文化、雕塑艺术等方面的知识，提高自己的审美能力和文化素养。雕塑精湛的雕刻技艺和细腻的表情刻画，以及融合的海洋元素和中国传统建筑元素的独特设计风格，都为人们提供了一种独特的审美体验和艺术享受。

（3）旅游价值

三亚南山海上观音像作为三亚市的标志性建筑之一，吸引了大量游客前来参观和朝拜。通过参观这座雕塑，人们可以了解三亚的历史和文化，感受这座城市的独特魅力。同时，雕塑还为游客提供了一个独特的拍照背景，使人们能够留下珍贵的回忆。这种旅游价值不仅带动了三亚旅游业的发展，也促进了不同地区人们之间的文化交流和理解。

4. 曲阜孔子像

曲阜孔子像位于中国山东省曲阜市孔庙大成殿前，这座雕像以孔子在鲁国的形象为原型，历时五年精心雕刻而成（图6-4）。雕像高37.5米、重116吨，局部石刻采用珍贵的山东红丝石，整体以花岗岩为基座，以铜为骨架，外贴紫铜表皮，总重量约570吨，堪称当代石雕艺术之杰作。

（1）文化内涵

曲阜孔子像作为一座纪念孔子的雕塑，具有深刻的历史意义和文

图6-4 曲阜孔子像

化内涵。孔子是中国古代著名的思想家、教育家和政治家，他的思想和教诲对中国传统文化和思想产生了深远的影响。曲阜孔子像采用写实手法，生动地刻画了孔子的形象。雕像的头部、身体和四肢都十分逼真，塑造出了一位慈祥、智慧的老人形象。例如，雕像周围的大理石基座采用了浮雕手法，刻画了中国古代文化场景和孔子的教诲内容，与主体雕塑形成了对比和呼应。曲阜孔子像采用花岗岩为主要材质，这种岩石质地坚硬、色泽朴素，具有很高的耐久性和观赏价值。雕像表面经过精细的打磨和抛光，使得整个形象更加光洁、细腻。观众可以通过近距离观察和触摸来感受这种材质的质感和美感。

（2）价值与意义

曲阜孔子像作为一座大型公共艺术作品，具有重要的社会意义和价值。它不仅是一座纪念孔子的雕塑，更是对孔子思想的传承和发展。从美育角度来看，曲阜孔子像是一座具有历史意义、文化内涵和艺术价值的雕塑作品。同时，这座雕塑也为我们提供了一个思考人类文化传承与发展、公共艺术与城市文化建设的契机。

二、外国雕塑名作赏析

1.《思想者》

《思想者》是法国雕塑家奥古斯特·罗丹的经典作品之一，以其深刻的内涵和独特的艺术风格成为世界雕塑史上的经典之作（图6-5）。

《思想者》是罗丹根据但丁《神曲》中的形象塑造而成的。雕像以一个全身赤裸的男性形象为原型，坐在一块石头上，低着头，手托下巴，神态沉静而痛苦。这个形象代表了人类在面对苦难和困境时的思考和挣扎，表达了人类对真理和自由的追求。

（1）艺术手法与风格

罗丹的雕塑风格以写实为主，但在《思想者》中他运用了更为抽象的手法，对雕像的形态和线条进行了简化和概括，增强了雕像的形式感和立

图6-5 《思想者》奥古斯特·罗丹

体感。同时，罗丹在细节处理上也十分精湛，例如雕像的肌肉和皮肤质感都十分逼真，让人感受到生命的真实和力量。

《思想者》所表达的情感是复杂而深刻的，既有痛苦和挣扎，又有希望和追求。这种情感表达力让观众能够深刻感受到人类在面对苦难时的内心世界，从而引发共鸣和思考。

（2）美学价值与启示

《思想者》作为一件经典的雕塑作品，具有很高的审美价值。雕像的形态、线条和质感都经过了精心的设计和处理，展现了罗丹对美的独特追求和精湛技艺。同时，《思想者》所表达的情感和内涵也具有普遍性，能够引起观众的共鸣和思考，让人感受到艺术的力量和价值。

《思想者》作为罗丹的代表作之一，对后世产生了深远的影响。它不仅对雕塑艺术的发展产生了重要影响，也成为后世许多艺术家借鉴和模仿的对象。同时，《思想者》所表达的情感和内涵也成为许多文学作品和艺术作品的灵感来源，成为人类文化宝库中的重要组成部分。

2.《圣母怜子》

（1）背景与文化内涵

《圣母怜子》是米开朗基罗创作的一尊令人叹为观止的雕塑，它描绘了耶稣在十字架上受难后，他的身体躺在母亲玛利亚膝上的画面（图6-6）。这尊雕塑的产生源于法国红衣主教让·德·比尔耶尔的委托，作为他的葬礼纪念碑。米开朗基罗在24岁时接下了这个任务，用大理石雕刻出了这一作品。这尊雕塑不仅具有深厚的宗教背景，还反映了当时的社会和文化环境。在欧洲文艺复兴时期，人们追求人文主义精神，强调人的价值和尊严。米开朗基罗通过《圣母怜子》表现了母爱的伟大和人性的美好，同时也传达了对生命的敬畏和对死亡的悲痛。

图6-6 《圣母怜子》米开朗基罗

（2）艺术手法与风格

米开朗基罗在《圣母怜子》中运用了稳重而优美的写实手法，展现出深沉的母爱和圣母对孩子的柔情。圣母的形象典雅而沉静，默默地俯视着躺在她双膝上的死去的耶稣。她年轻而美丽，没有给人以过于悲伤和痛苦的感觉，更多地体现了人文主义的精神而不是宗教的氛围。米开朗基罗对细节的精致处理，使整件作品光彩夺目。耶稣的身体细节完美呈现，象征着复活。在作品中，米开朗基罗通过俗世之美使自己和人们相信了这些人物的神圣品质和意义。《圣母怜子》中的对立元素——圣母与圣子一生一死、一动一静，透露出无限的和谐，这种和谐美也是艺术创作的重要追求。

（3）美学价值与启示

《圣母怜子》作为米开朗基罗的代表作，具有极高的美学价值。它不仅展示了艺术家对古典风格和题材的继承，还体现了其对现实主义和人性的深刻理解。这尊雕塑以其完美的形式和深刻的内涵，成为人类艺术史上的瑰宝。从美育角度来看，《圣母怜子》启示我们关注人性、情感和生命的意义，提醒我们珍视亲情、母爱和人文精神的价值，同时也让我们思考如何通过艺术表达对生命的敬畏和对死亡的悲痛。此外，《圣母怜子》还启示我们关注艺术创作的细节和形式美，以及通过艺术作品传达深刻内涵的重要性。

3. 《掷铁饼者》

米隆的《掷铁饼者》是一尊古希腊时期的雕塑作品，创作于公元前 5 世纪（图 6-7）。这尊雕像描绘了一个运动员在掷铁饼时的瞬间动态，被誉为古希腊雕塑艺术的杰出代表之一。

（1）历史背景

在古希腊时期，体育和艺术是紧密相连的。运动员被视为英雄和榜样，他们的身体和运动被视为美的象征。而雕塑家们则通过雕刻和塑造，将这种美永恒地凝固在他们的作品之中。《掷铁饼者》就是在这样的背景下诞生的。米隆是一位古希腊雕塑家，他的作品以精湛的技艺和深刻的思考而著称。《掷铁饼者》是他的代表作，也是古希腊雕塑艺术的高峰之一。这尊雕像以运动员为模特，通过对其身体的刻画，展现了运动员的力量、速度和优美身姿。

（2）艺术特征

雕像的运动员身体呈 S 形，左脚踏实，右脚略微抬起，身体向右倾斜，重心落在左脚上。这种姿势使得运动员的身体呈现出一种紧张和动感，仿佛正在用力投掷铁饼。米隆对运动员

图 6-7 《掷铁饼者》米隆

的肌肉进行了精细的刻画,突出了其力量和健美的身材。特别是对运动员的手臂、胸部和腿部的肌肉进行了精细的描绘,使得观众能够感受到运动员的力量和身体的美感。雕像的运动员面容沉静、庄重,没有表现出过多的情感。这种表情处理方式使得观众能够更加关注运动员的身体和动作,而不是其情感状态。米隆在创作《掷铁饼者》时,运用了多种技巧和手法。例如,对运动员身体的比例和线条的精细刻画,以及对运动员身体的阴影和光线的巧妙处理等,使得雕像具有强烈的立体感和空间感。

(3)价值与意义

《掷铁饼者》具有深刻的文化意义。它展现了古希腊人对体育和健康的重视,以及对人体的赞美和崇拜。同时,《掷铁饼者》也是西方雕塑艺术的鼻祖之一,对后世雕塑艺术产生了深远的影响。《掷铁饼者》是古希腊雕塑艺术的杰出代表之一,通过对其背景、身体造型、肌肉刻画、表情处理、技巧运用和文化意义的鉴赏和分析,我们可以感受到古希腊人对美的追求和对生命的热爱,同时也可以领略到西方雕塑艺术的精髓和源远流长的历史。

4.《加莱义民》

《加莱义民》是法国雕塑家奥古斯特·罗丹的一件代表作,它以法国加莱市在英法百年战争中为解救城市而牺牲的六位市民为原型,塑造了六座寓意深刻的青铜雕塑(图6-8)。

(1)历史背景

在19世纪末的法国,罗丹以其独特的雕塑风格和深刻的社会思考而成为当时最杰出的雕塑家之一。1884年,加莱市决定为纪念在百年战争中为解救城市而牺牲的六位市民,委托罗丹创作了一组青铜雕塑。这组雕塑后来成为罗丹最著名的作品之一,也是法国雕塑艺术的一件瑰宝。

(2)文化内涵与艺术特征

《加莱义民》所表现的是一组悲壮的英雄形象,他们为了城市的解放而英勇牺牲。这组雕塑展现了市民们面对死亡时的英勇与决绝,以及对家乡的深情厚爱。罗丹在塑造这六位市民时,对每个人物的外貌、服饰、姿

图6-8 《加莱义民》奥古斯特·罗丹

态和表情都进行了精心设计。这些雕塑不仅展现了市民们的日常生活和职业特点，更通过他们的外貌和神态，传递出每个人物的性格和内心世界。罗丹在创作《加莱义民》时，运用了写实主义和象征主义相结合的艺术风格，写实主义体现在对人物形象的精确刻画上，而象征主义则体现在对人物寓意的设置上。这种艺术风格的结合，使得这组雕塑在表现悲壮主题的同时，也具有一定的装饰性和视觉美感。罗丹在创作《加莱义民》时，运用了精湛的雕塑技巧，将每一个市民的形象都刻画得栩栩如生。他通过对肌肉、线条和形体的精确把握，生动地展现了每个人物的精神面貌和情感状态。六座雕塑分别代表了加莱市的六个家族，每座雕塑都有其独特的寓意和象征意义。手握城市钥匙的老人代表着加莱市的守护者，另一位手握宝剑的青年则代表着城市的捍卫者。

（3）价值与意义

《加莱义民》是一座具有深刻社会意义和历史价值的雕塑作品，它不仅展现了罗丹精湛的雕塑技艺和艺术才华，更是记录了法国历史和文化的重要作品。它所传达的英勇无畏和热爱家乡等价值观，至今仍能引起人们的共鸣和思考。通过对这组雕塑的鉴赏，我们可以感受到罗丹对于历史、社会和人性的深刻思考和独特见解。这组雕塑不仅记录了法国历史上的一个重要事件，更传递出对英雄的崇敬和赞扬。它提醒人们珍惜和平，追求自由和正义，同时也强调了市民对城市的责任和担当。《加莱义民》不仅是一件艺术品，更是对文化史和人类精神的见证。通过对这组雕塑的欣赏和研究，我们可以更深入地了解法国历史和文化，以及人类的共同追求和信仰。

5.《国王与王后》

（1）历史背景

亨利·摩尔是20世纪英国著名的雕塑家，他的作品以独特的风格和深刻的内涵而广受赞誉。《国王与王后》是亨利·摩尔在20世纪50年代初创作的一件试验性作品，该作品以并排端坐的国王与王后的雕像为主题，展现了一种不同于传统的雕塑风格（图6-9）。

图6-9 《国王与王后》亨利·摩尔

(2)创作技法与风格

亨利·摩尔的《国王与王后》以独特的风格和技巧引人注目。作品采用青铜这一传统材料,并通过简洁概括的手法表现了国王与王后的形象。整个作品没有过多的细部刻画,却将人物的形象和姿态表现得十分生动。此外,亨利·摩尔在作品中运用了线、孔洞以及他偏爱的骨形元素,探索了新的空间表现方式。《国王与王后》这件作品也反映了亨利·摩尔对历史和文化的思考。国王与王后的形象以及他们身上的装饰和符号都与古代皇权观念密切相关。这种皇权观念的呈现,不仅是对历史和文化的尊重和传承,也是对人类原始文明的呼唤和缅怀。通过《国王与王后》这件作品,亨利·摩尔传达了对生命的思考和情感的表达。国王与王后的形象虽然简洁概括,但其姿态、表情以及身体语言都流露出一种深沉的情感。这种情感与作品的题材和主题相互呼应,表达了亨利·摩尔对生命的敬畏和对人类情感的关注。

(3)价值与意义

亨利·摩尔的《国王与王后》是一件具有深刻内涵和独特风格的雕塑作品。通过对这件作品的鉴赏和分析,我们可以感受到亨利·摩尔的艺术追求和对历史文化的尊重与传承。同时,该作品也表达了对生命的思考和对人类情感的关注,使人们在欣赏艺术的同时,也能思考人生的意义和价值。

第七章
舞蹈艺术美

第一节　舞蹈艺术概述

第二节　舞蹈的种类与风格

第三节　中外舞蹈作品赏析

第一节　舞蹈艺术概述

舞蹈艺术美是舞蹈艺术表现出来的独特魅力，它通过舞蹈动作、节奏、表情和构图等元素，传达出美的感受和美的价值。

舞蹈动作是舞蹈艺术表现的核心，它包括身体各部位的动作、动作的组合和变化，以及动作与音乐、舞台等的配合。节奏是舞蹈艺术的灵魂，它通过音乐的节奏和动作的轻重缓急表现出来，赋予舞蹈作品生命力和情感。表情是舞蹈艺术传达情感的重要手段，它通过演员的面部表情和身体语言表现出来，让观众感受到舞蹈作品所要表达的情感。构图是舞蹈艺术的表现框架，它通过舞台布置、灯光、舞美的设计，营造出舞蹈作品所需的氛围和情境。

一、舞蹈艺术的审美体验

舞蹈艺术美能够带给观众独特的审美体验。首先，观众在欣赏舞蹈作品时能够感受到美的愉悦和满足，这种愉悦和满足来自舞蹈动作、节奏、表情和构图等的协调和配合。其次，观众在欣赏舞蹈作品时能够领略到舞蹈艺术的独特韵味和风格，这种韵味和风格与舞蹈作品的创作背景、文化内涵和艺术特点密切相关。最后，观众在欣赏舞蹈作品时能够获得情感上的共鸣和心灵上的震撼，这种共鸣和震撼来自舞蹈作品所表达的情感和主题。

二、舞蹈艺术的美学价值

1. 培养审美能力

舞蹈充分展示了人体的线条、力量、柔韧性和协调性，体现了人类身体的美感和潜力，让人们欣赏到身体在运动时的优雅和魅力。欣赏舞蹈作品可以培养观众的审美能力，让人们学会欣赏美、感受美、理解美和评价美，让人们学会欣赏和鉴别美的形式、节奏和表达，从而提高整体的审美水平。欣赏舞蹈作品可以陶冶观众的情操，让他们感受到美的愉悦和满足，丰富他们的文化素养和精神生活。

2. 传承文化

不同的民族和地区都有各自独特的舞蹈形式和风格，这些舞蹈承载着当地的历史、传统、价值观和生活方式。通过舞蹈艺术，文化得以传承和延续。舞蹈作品可以传承和弘扬民族文化，让观众了解和认识本民族的文化传统和文化精髓。

3. 培养创造力

舞蹈家们不断尝试新的动作、编排、舞台设计和表现手法，推动舞蹈艺术的发展和创新。这种创新精神丰富了艺术的领域，为人们带来全新的审美体验。欣赏舞蹈作品可以培养观众的创造力，让他们从舞蹈作品中汲取灵感，激发自己的创造力和想象力。

三、舞蹈艺术的创作过程

舞蹈艺术的创作过程是一个充满挑战和机遇的过程。舞蹈编导需要对舞蹈动作、节奏、表情和构图等进行精心设计和编排，创造出独特的舞蹈作品。

1. 创意构思

创意源于生活，舞蹈的创意需要从生活经历、社会现象、历史事件、文学作品、音乐、绘画等各种来源获得灵感，明确舞蹈想要表达的核心主题。围绕主题收集相关的资料，包括观看其他舞蹈作品、研究相关的文化背景、了解特定的舞蹈风格和技巧。舞蹈编导首先需要确定舞蹈作品的主题、风格和表现形式，以及设计和编排舞蹈动作，开始构思舞蹈的整体框架和结构，确定舞蹈的开场、发展、高潮和结尾。

2. 音乐选择

舞蹈需要挑选适合舞蹈主题和氛围的音乐，音乐的节奏、旋律和情感要与舞蹈动作相互呼应、相辅相成。舞蹈编导需要选择适合舞蹈作品的音乐，通过音乐的节奏和情感来增强舞蹈作品的感染力和表现力。

3. 服装和舞台设计

设计符合舞蹈主题和风格的服装、道具和舞台布景，能增强舞蹈的艺术效果和表现力。舞蹈编导需要设计舞台布置、灯光、舞美等，营造出舞蹈作品所需的氛围和情境。

4. 舞蹈排练

舞者开始按照设计好的动作和结构进行排练，创作者在排练过程中对舞蹈进行调整和完善，指导舞者的动作表现、表情和情感投入。舞蹈编导需要与演员进行密切合作，通过反复排练和磨合，使舞蹈作品更加完美和流畅。

5. 表演呈现与反馈

在表演过程中，舞蹈编导需要引导观众进入舞蹈作品的世界，通过舞者的表演让观众感受到舞蹈艺术的魅力，舞蹈作品在舞台上呈现给观众。最后，收集观众和专业人士的反馈意见，以便对作品进行进一步的改进和完善。以上环节构成了舞蹈的创作全过程。

四、舞蹈艺术美的欣赏

1. 感官欣赏

感官欣赏是欣赏舞蹈艺术美最基本的层次，观众通过视觉和听觉来感受舞蹈动作、节奏、表情和构图等的美。舞蹈的感官欣赏主要涉及视觉、听觉两个方面。视觉欣赏主要体现在舞者优美的身体线条、独特的姿态、流畅的动作、细腻的表情和眼神，以及精美的服装和精心设计的舞台布景等。

2. 情感欣赏

情感欣赏是欣赏舞蹈艺术美的更高层次，观众通过感受舞蹈作品所表达的情感和主题，产生共鸣和心灵上的震撼。舞蹈的情感欣赏是深入理解和感受舞蹈作品内涵的关键层面。在舞蹈中，情感并非直白地表述，而是通过舞者的身体语言、动作姿态、表情神态以及舞蹈整体的编排和节奏来传递。舞者的身体动作是情感表达的重要载体，急促有力的跳跃和大幅度的伸展传达出激昂和热情；缓慢轻柔的摆动和蜷缩的姿态或许暗示着忧伤与沉思。表情在情感传递中也起着不可或缺的作用，微笑代表喜悦，而紧皱的眉头和含泪的双眼则能展现痛苦。舞蹈的节奏同样影响着情感的表达，快速的节奏常常与兴奋、欢快的情绪相关联，而缓慢的节奏则更倾向于营造宁静、深沉或者悲伤的氛围。

3. 理性欣赏

理性欣赏是欣赏舞蹈艺术美的更深层次，观众通过了解舞蹈作品的创作背景、文化内涵和艺术特点等理性因素，对舞蹈艺术美有更深入的理解和认识。舞蹈的理性欣赏是对舞蹈作品进行深入分析和理解的过程，它超越了单纯的感官享受，涉及对舞蹈多个方面的思考和评估。理性欣赏需要分析其动作的编排逻辑、段落的组织方式以及整体的起承转合是否流畅自然。要观察舞者在完成各种动作时的精准度、难度和控制力。舞蹈的创作意图和主题表达是理性欣赏的重要方面。思考舞蹈想要传达的核心思想是什么，是对社会现象的批判，对人性的探索，还是对美的赞颂。舞蹈作品是否通过独特的视角和表达方式，深刻地呈现了主题，并引发观众的思考。

随着社会的不断发展和变革，舞蹈艺术美也在不断发展和创新。未来舞蹈艺术美的发展将更加多元化和开放，不同文化、不同风格的舞蹈作品将相互交流和融合，形成更加丰富多样的舞蹈艺术风格。同时，随着科技的不断进步和应用，舞蹈艺术美的表现形式和创作手法也将更加新颖和现代化，为观众带来更加独特和震撼的审美体验。

第二节 舞蹈的种类与风格

舞蹈作为一种独特的艺术形式,通过身体的动作、姿态、节奏和空间关系,来表达情感、讲述故事、展示文化。舞蹈的种类繁多,风格各异,每一种舞蹈都有其独特的魅力和文化内涵。

一、古典舞蹈

古典舞蹈通常具有悠久的历史背景和深厚的文化底蕴,其动作和编排都经过精心设计并传承下来。古典舞蹈强调身体的线条美、姿态的优雅和情感的细腻表达。

1. 芭蕾舞

芭蕾舞起源于文艺复兴时期的意大利,后来在法国和俄国得到进一步发展和完善。芭蕾舞以轻盈的舞步、优雅的身姿和精致的服装而闻名,是古典舞蹈的代表之一。它强调脚尖的运用和身体的平衡,通过独特的舞姿和舞步,展现出一种高贵而典雅的美。

2. 中国古典舞

中国古典舞是中国传统舞蹈的精华,融合了戏曲、武术、杂技等多种艺术形式。它注重身体的柔韧性和协调性,以手势、眼神和面部表情来传达情感。中国古典舞的动作流畅而富有韵律感,具有浓郁的中国文化特色。

3. 印度古典舞

印度古典舞是印度文化的瑰宝,具有浓厚的宗教和民俗色彩。它通过丰富的手势、面部表情和身体的扭曲与摆动,来表达情感和讲述故事。印度古典舞的动作复杂而多变,节奏明快而富有感染力,展现了印度文化的独特魅力。

二、民族舞蹈

民族舞蹈是各民族文化的重要组成部分,通过舞蹈来展示各民族的风俗习惯、历史传统和生活方式。民族舞蹈通常具有鲜明的地域特色和民族风情。

1. 世界各地的民族舞蹈概览

世界各地的民族舞蹈种类繁多,每一种舞蹈都承载着该民族的文化和历史。例如,西班牙的弗拉明戈舞以激情四溢的舞步和热烈的氛围而闻名,非洲的部落舞蹈则以原始而奔放的节奏和动作吸引观众。

2. 民族舞蹈的特色与文化内涵

民族舞蹈的特色在于其独特的动作、服饰和音乐。它们通常反映了该民族的生活方式、宗教信仰和社会结构。通过欣赏民族舞蹈,我们可以更深入地了解各民族的文化内涵和精神风貌。

三、现代舞蹈

现代舞蹈是 20 世纪以来兴起的舞蹈形式,它突破了传统舞蹈的束缚,追求自由、创新和个性表达。现代舞蹈强调舞者的主观感受和情感的直接表达。

1. 现代舞的起源与发展

现代舞起源于欧美地区,是对古典芭蕾的一种反叛和革新。它摒弃了严格的动作规范和程式化的表演方式,追求身体的自然运动和情感的真实表达。现代舞的发展过程中,出现了许多具有影响力的舞蹈家和作品,推动了现代舞蹈的不断创新和发展。

2. 现代舞的创新与表达

现代舞在动作、节奏、空间和音乐等方面都进行了大胆的创新和尝试。它不再局限于传统的舞步和舞姿,而是鼓励舞者根据自己的感受和理解来创造新的动作和表达方式。现代舞强调舞者的个性化和主观性,通过舞蹈来展现个体的情感、思想和观念。

四、街舞与流行舞蹈

街舞和流行舞蹈是近年来备受年轻人喜爱的舞蹈形式,它们以时尚、动感和个性化为特点,深受大众喜爱。

1. 街舞的种类与风格

街舞起源于美国,后来逐渐在全球范围内流行开来。它包括多种风格和形式,如霹雳舞、嘻哈舞、锁舞等。每种街舞都有其独特的动作和技巧,通过独特的舞步和舞姿来展示舞者的个性和风格。

2. 流行舞蹈的流行趋势

流行舞蹈通常与流行音乐紧密结合,随着音乐的变化而不断演变和创新。近年来,一些新兴的舞蹈形式如爵士舞、拉丁舞等也逐渐受到年轻人的喜爱和追捧。流行舞蹈的流行趋势多变而快速,不断引领着舞蹈界的潮流和发展方向。

无论是古典舞蹈的优雅与庄重,还是民族舞蹈的热烈与奔放;无论是现代舞蹈的创新与自由,还是街舞与流行舞蹈的时尚与动感,它们都以各自的方式展现着舞蹈艺术的无限魅力(图 7-1)。

图 7-1 舞蹈

第三节 中外舞蹈作品赏析

一、中国舞蹈作品赏析

中国舞蹈是一种历史悠久且内涵丰富的艺术形式,其起源可追溯到文字记载以前的新石器时代。在公元前 4000 年,仰韶文化的先民已经创造了附有乐器伴奏、动作相合、连臂踏歌的集体舞蹈,这标志着中国舞蹈的初步形成。

中国舞蹈的形式多种多样,既有民俗舞蹈、中国古典舞、中国民间舞等传统舞蹈形式,也包括了街舞等现代舞蹈形式。每种舞蹈形式都有其独特的艺术特点和表现形式。民族舞通常通过特定的舞蹈动作和服饰,展现不同民族的文化特色和生活习俗;古典舞则注重身韵和技巧,通过细腻的动作和表情,传达出深厚的文化内涵和情感。

在中国舞蹈的发展过程中,出现了许多优秀的舞蹈作品和杰出的舞蹈家。这些作品和舞蹈家不仅展示了中国舞蹈的艺术魅力,也推动了中国舞蹈艺术的不断创新和发展。中国舞蹈是一种充满活力和魅力的艺术形式,它以独特的艺术特点和表现形式,展示了中华文化的博大精深和独特魅力。

1.《千手观音》

《千手观音》是一部以美育为核心理念的中国舞蹈作品,它巧妙地将舞蹈艺术与佛教文化相结合,通过精湛的舞蹈技巧和深邃的情感表达,向观众传达了美的真谛（图7-2）。

从舞蹈动作的设计上来看，《千手观音》展现出了中国舞蹈的独特魅力。舞蹈中的手势、步伐、身段等，都经过精心的编排和设计，既符合舞蹈艺术的规律，又融入了佛教文化的元素。例如，舞者通过不同的手势造型，做出了全圆、半圆、三分之一圆、四分之一圆等各种圆形，这不仅展现了中国舞蹈对圆形艺术的追求，也寓意着佛教中圆融无碍的境界。

图7-2 《千手观音》

从舞蹈的情感表达上来看，《千手观音》深深打动了观众的心灵。舞者通过细腻的面部表情和眼神变化，将观音菩萨的慈悲与智慧展现得淋漓尽致。当舞者伸出千手时，仿佛将观众带入了一个神秘而庄严的佛教世界，让人感受到一种超越世俗的美。这种美不仅仅是视觉上的享受，更是心灵上的触动，它让观众在欣赏舞蹈的同时，也得到了美的熏陶和启迪。

《千手观音》还通过舞蹈的形式，传达了佛教文化的"普世价值"。佛教中千手表示法力无边，可以拯救众生于危难；千眼表示智慧无穷，可以普观世界，明察秋毫。这些理念通过舞蹈的形式得以生动展现，让观众在欣赏舞蹈的同时，也感受到了佛教文化的博大精深和普世情怀。

这部作品不仅具有极高的艺术价值，也对推动美育事业的发展具有积极的意义。它让人们通过舞蹈这一艺术形式，更加深入地理解和感受美的内涵和价值，从而提升自身的审美能力和审美情感。

在当今社会，美育已经成为一种重要的教育方式，旨在培养人们的审美能力、创造美的能力以及追求美好生活的精神。《千手观音》作为一部优秀的中国舞蹈作品，正是美育理念的具体体现和实践。它让人们通过舞蹈这一艺术形式，感受到美的力量和魅力，从而激发出对美好生活的热爱和追求。

《千手观音》也为中国舞蹈艺术的发展提供了宝贵的经验和启示。它告诉我们，舞蹈艺术不仅仅是技巧的展示和情感的表达，更是一种文化的传承和价值的体现。在未来的发展中，我们应该更加注重舞蹈艺术的文化内涵和价值追求，让舞蹈成为连接过去与未来、传统与现代的桥梁和纽带。

2.《雀之灵》

《雀之灵》是一部极具代表性的中国舞蹈作品，它以其独特的艺术魅力和深刻的美育内涵,成为中国舞蹈艺术的瑰宝(图7-3)。从美育的角度来看,《雀之灵》不仅展示了舞蹈艺术的精湛技艺,更通过舞蹈这一形式,传递了美的理念,引导观众去认识美、感受美、创造美。

图7-3 《雀之灵》

《雀之灵》通过舞蹈动作的设计,展现了孔雀的优雅与灵动。舞者在表演中,运用手臂、肩膀、胸部和头部的运动,创造了一种神奇而深刻的情绪,将孔雀的轻盈、灵动等特点完美地呈现出来。这种设计不仅体现了舞蹈艺术的技巧性,更通过动作的韵律和节奏,让观众感受到了舞蹈的韵律美和动态美。

《雀之灵》在情感表达上,深入挖掘了孔雀的内在神韵。舞者通过细腻的面部表情和眼神变化,将孔雀的圣洁、高雅、美丽,以及充满生命力和神秘色彩的飞舞精灵般的形象生动地展现出来。这种情感表达不仅让观众在视觉上得到了享受,更在心灵上得到了触动,引导观众去理解和感受舞蹈所传递的情感美。

《雀之灵》还通过舞蹈的形式,传递了傣族文化的精髓。舞蹈中融入了傣族民间舞蹈的基本节奏和律动,通过对孔雀灵性的描写,寄予了傣族人民对和平、幸福、完满生活的向往。这种文化内涵的融入,不仅丰富了舞蹈的艺术表现力,更让观众在欣赏舞蹈的同时,感受到了中华文化的博大精深和独特魅力。

从美育的角度来看,《雀之灵》还具有很强的实践性和社会性。它引导学生投身于艺术实践活动,通过舞蹈这一艺术形式,提升自己的艺术修养和审美情感。同时,《雀之灵》作为一部具有深刻文化内涵的舞蹈作品,也与社会生活紧密相连,通过舞蹈这一形式,传递了社会正能量和积极向上的价值观念。

《雀之灵》是一部具有深刻美育内涵的中国舞蹈作品。它通过精湛的舞蹈技艺和深刻的情感表达,引导观众去认识美、感受美、创造美。同时,它也通过舞蹈这一形式,传递了中华文化的精髓和社会正能量,为美育事业的发展做出了积极的贡献。

3.《唐宫夜宴》

《唐宫夜宴》是一部以中国唐朝宫廷生活为背景的舞蹈作品,从美育的角度深入分析,这部作品充分展示了舞蹈艺术在审美教育中的独特价值和魅力(图7-4)。

图 7-4 《唐宫夜宴》

从舞蹈动作和编排来看,《唐宫夜宴》体现了高度的艺术性和技巧性。舞者们身着华丽的唐代服饰,通过精妙的身段、手势和步伐,生动地再现了唐朝宫廷的繁华盛景。舞蹈动作既有古典舞的优雅端庄,又融入了现代舞的灵动多变,使得整个作品既具有深厚的历史文化底蕴,又不失现代审美趣味。

从舞蹈的情感表达和文化内涵来看,《唐宫夜宴》通过舞者的表演,将唐朝宫廷女性的喜悦、期待、妩媚等多种情感表达得淋漓尽致。同时,作品还巧妙地融入了唐代文化元素,如诗词、音乐、绘画等,使得观众在欣赏舞蹈的同时,也能感受到唐代文化的独特魅力。这种跨艺术的综合表现方式,不仅丰富了舞蹈的内涵,也提高了观众的审美水平。

《唐宫夜宴》在服饰、道具、灯光、音乐等方面也下足了功夫,为观众呈现了一场视听盛宴。华丽的服饰和精美的道具再现了唐朝宫廷的富丽堂皇,而灯光和音乐的巧妙运用则进一步烘托了舞蹈的氛围和情感。这些元素共同构成了一个完美的艺术整体,让观众在欣赏舞蹈的同时,也得到了美的熏陶和启迪。

从美育的角度来看,《唐宫夜宴》不仅展示了舞蹈艺术的魅力,也通过舞蹈这一艺术形式传递了中华文化的精髓和价值。它让观众在欣赏舞蹈的过程中,感受到了中华文化的博大精深和独特魅力,从而增强了文化自信和民族自豪感。同时,这个作品也启发了观众对美的追求和创造,提升了他们的审美能力和审美情感。

《唐宫夜宴》是一部具有深刻美育内涵的中国舞蹈作品。它通过精湛的舞蹈技巧和丰富的文化内涵,向观众传达了美的真谛和中华文化的独特魅力。

二、外国舞蹈作品赏析

外国舞蹈是一种独特的、富有魅力的艺术形式,它以多样化的风格、深刻的内涵和精湛的技巧,为观众带来了视觉和心灵的双重享受。

外国舞蹈展现了不同文化的艺术魅力。每一种舞蹈都是其所在民族或地域文化的生动体现,通过舞蹈动作、节奏、服饰等,传递出独特的文化信息和情感表达。观众在欣赏这些舞蹈时,不仅能够感受到舞蹈本身的韵律和美感,更能够深入了解不同文化的历史、传统和价值观,从而拓宽视野,增强文化包容性。

外国舞蹈在技巧和艺术性方面达到了很高的水平。无论是优雅的芭蕾舞、热情奔放的拉丁舞，还是神秘莫测的印度舞，都需要舞者经过长期的训练和实践，才能掌握其精髓和技巧。这些舞蹈不仅要求舞者具备出色的身体素质和柔韧性，更要求他们具备深厚的艺术修养和表现力。因此，外国舞蹈在美育方面具有重要的价值，它可以帮助观众提升审美水平，培养对美的敏感度和鉴赏力。

外国舞蹈还具有强大的情感表达功能。舞蹈是一种无声的语言，通过动作、表情和肢体语言，能够直接触动观众的心灵。外国舞蹈中蕴含着丰富的情感，无论是喜悦、悲伤、愤怒还是爱恋，都能够通过舞蹈得到完美的表达。观众在欣赏这些舞蹈时，往往能够产生共鸣和共情，从而得到情感的宣泄和升华。

外国舞蹈也是一种有效的身体锻炼方式。舞蹈动作需要全身各部位的协调配合，通过长期的舞蹈训练，可以增强身体的柔韧性和协调性，提高身体素质。同时，舞蹈也是一种愉悦身心的活动，能够释放压力、舒缓情绪，促进身心健康。

外国舞蹈在美育方面具有重要的价值和意义。它不仅能够展示不同文化的艺术魅力，提升观众的审美水平，还能够表达丰富的情感，促进身心健康。因此，我们应该积极推广和普及外国舞蹈，让更多的人能够欣赏和体验到这种独特的艺术形式所带来的美感和乐趣。

1.《天鹅湖》

这是一部由俄国作曲家彼得·伊里奇·柴可夫斯基作曲的古典芭蕾舞剧（图7-5），自1877年在莫斯科首演以来，已有了一百多年历史，至今仍然受到广大观众喜爱，成了芭蕾舞的代名词。

图 7-5 《天鹅湖》

该舞剧以浪漫主义色彩和悲剧性风格为特点,通过优美的音乐、动人的情节和舞蹈技巧,表现了爱情与邪恶的斗争,以及善良、美丽、忠诚和邪恶、虚伪、凶残之间的冲突。其中,白天鹅和黑天鹅的对比、小天鹅舞、四小天鹅舞等都是经典段落。

2.《吉赛尔》

在《吉赛尔》中,阿尔伯特的独舞是舞剧的经典段落之一,也是芭蕾舞中的经典之作(图7-6)。这段舞蹈是在第二幕中,阿尔伯特向吉赛尔表达爱慕之情的场景中呈现的。阿尔伯特的独舞以细腻的舞蹈技巧和深刻的情感表达,展现了阿尔伯特对吉赛尔的爱慕和内心的矛盾。舞蹈中,阿尔伯特以柔美的舞姿和轻盈的步伐,表现出他对吉赛尔的深情厚爱,同时也透露出他内心的挣扎和痛苦。

在舞蹈的音乐方面,作曲家瓦格纳使用了小提琴和长笛等乐器,通过柔和的旋律和节奏,为阿尔伯特的独舞营造出一种浪漫而感人的氛围。同时,舞台布景和灯光效果也为这段舞蹈增色不少,为观众呈现出一幅美丽而动人的画面。

图 7-6 《吉赛尔》

3.《胡桃夹子》

这是世界著名的童话芭蕾舞剧之一,由俄国作曲家彼得·伊里奇·柴可夫斯基作曲。该舞剧以儿童文学《胡桃夹子和鼠王》为蓝本,通过优美的音乐和舞蹈表现了一个纯真少女玛丽的冒险故事(图7-7)。

舞剧中,玛丽和胡桃夹子的梦幻世界成为主线,儿童的纯真与成年人的世俗形成对比,用舞蹈和音乐描绘出奇幻的景象。其中,《糖果王国》《雪花舞》等都是经典段落。

图 7-7 《胡桃夹子》

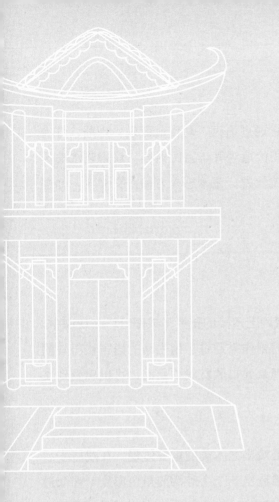

第八章
戏剧与影视艺术美

第一节 戏剧艺术美
第二节 影视艺术美

第一节　戏剧艺术美

戏剧艺术是一种综合性的艺术形式，它通过语言、动作、音乐、舞蹈、灯光等的有机结合，展现出生活、情感、思想和价值观等丰富的内容。戏剧艺术美具有独特的教育价值，它可以培养人们的审美能力、艺术感受力和人文素养，促进个人的全面发展和社会的和谐进步。

一、戏剧艺术美之体现

1. 文学之美

戏剧艺术的基础是文学，文学之美是戏剧艺术美的重要组成部分。在戏剧中，语言是表达情感和思想的主要手段，优秀的剧作家通过运用生动的语言和巧妙的情节设计，创造出具有审美价值的作品。观众通过欣赏戏剧作品，可以感受到文学之美的独特魅力，提升自身的文学素养。

2. 表演之美

表演是戏剧艺术的核心，表演之美也是戏剧艺术美的重要体现。在戏剧表演中，演员通过形象、动作、声音等手段，塑造出一个个鲜活的角色形象。观众通过欣赏演员的表演，可以感受到表演之美的深刻内涵，提高自身的艺术鉴赏能力。

3. 舞台之美

舞台美术是戏剧艺术的重要组成部分，舞台之美也是戏剧艺术美的重要体现。在戏剧表演中，舞台美术通过布景、灯光、道具等的巧妙运用，创造出独特的视觉效果和情感氛围。观众通过欣赏舞台美术的设计和呈现，可以感受到舞台之美的独特魅力，提高自身的艺术感受力。

4. 思想之美

戏剧艺术不仅是审美体验的重要形式，也是思想传播的重要途径。思想之美是戏剧艺术美的重要组成部分。在戏剧中，作者通过情节设计和角色形象的塑造，表达出对生活、人性、社会等问题的深刻思考和见解。观众通过欣赏戏剧作品中的思想内涵，可以受到思想的启迪和引导，提高自身的人文素养。

二、戏剧艺术的美学价值

从美育角度来看，欣赏戏剧艺术美可以提高人们的审美能力和人文素养，促进个人的全面发展和社会的和谐进步。

1. 培养审美能力

戏剧艺术是一种综合性的艺术形式，它融合了文学、表演、舞台美术等多个方面，具有独特的审美价值。从美育角度来看，欣赏戏剧艺术美可以帮助人们提高审美能力和艺术鉴赏能力。通过欣赏不同类型的戏剧作品，人们可以了解不同风格和流派的艺术表现形式，掌握艺术鉴赏的方法和技巧。同时，通过深入剖析戏剧作品中的语言、情节、角色形象等，人们可以更深入地理解作品的审美价值和内涵，提高自身的审美水平。

2. 提升人文素养

戏剧艺术是人类文化的重要组成部分，它蕴含了丰富的文化内涵和人文精神。从美育角度来看，欣赏戏剧艺术美可以帮助人们提升人文素养，提高对人类文化的认识和理解。通过欣赏戏剧作品中的思想内涵和价值观，人们可以更深入地了解不同文化背景和社会环境下的人性和社会问题，拓展自身的文化视野和思维深度。同时，通过参与戏剧表演和创作活动，人们可以更深入地体验人类文化的多样性和丰富性，提高自身的人文素养和文化修养。

3. 促进情感发展

戏剧艺术具有情感表达的独特性，它通过情节设计、角色形象塑造、表演等形式，激发观众的情感共鸣和情感体验。从美育角度来看，欣赏戏剧艺术美可以帮助人们促进情感发展，提高情感的表达和沟通能力。通过欣赏戏剧作品中的情感表达和情感冲突的解决方式，人们可以更深入地理解情感的本质和作用，提高自身的情感表达和沟通能力。同时，通过参与戏剧表演和创作活动，人们可以更深入地体验情感的变化和多样性，丰富自身的情感世界和精神生活。

4. 培养团队协作能力

戏剧艺术是一种集体艺术形式，它需要演员、导演、编剧、舞台美术等各个方面的专业人员共同协作才能完成。从美育角度来看，欣赏戏剧艺术美可以帮助人们培养团队协作能力，提高在集体中的合作和协调能力。

5. 增强文化认同感

戏剧艺术是文化传承和文化认同的重要载体，它反映了不同文化背景和社会环境下人们的生活、信仰和文化传统。从美育角度来看，欣赏戏剧艺术美可以帮助人们增强文化认同感，提高对自身文化传承和文化传统的认识和尊重。通过欣赏不同国家和地区的戏剧作品，人们可以了解不同文化的特点和价值，增强对多元文化的认识和理解。同时，通过参与戏剧表演和创作活动，人们可以更深入地体验自身文化的独特性和价值，增强对自身文化的认同感和自豪感。

三、如何欣赏戏剧艺术美

1. 选择优秀的戏剧作品

选择优秀的戏剧作品是欣赏戏剧艺术美的前提和基础。在选择戏剧作品时,应该注重作品的审美价值和文化内涵,而非仅仅追求娱乐或商业价值。可以选择一些经典或获奖的戏剧作品进行欣赏,如《哈姆雷特》《奥赛罗》《雷雨》等。

2. 注重作品的整体性和局部性

欣赏戏剧艺术美需要注重作品的整体性和局部性。在欣赏作品时,应该从整体上把握作品的情节、人物形象、主题等,理解作品的整体结构和表现形式。同时,也应该注重局部细节的欣赏和分析,如语言运用、动作设计、表演技巧等,深入剖析作品的审美价值和内涵。

3. 结合自身背景和文化知识欣赏

结合自身背景和文化知识欣赏可以帮助人们更好地理解戏剧作品的内涵和价值。在欣赏作品前,可以了解作品的创作背景、作者生平、文化背景等相关知识,有助于人们更好地理解和感受作品内容。同时,也可以结合自身的文化知识和生活经验进行欣赏和分析,与作品产生更好的共鸣。

4. 注重情感体验和表达

欣赏戏剧艺术美需要注重情感体验和表达。在欣赏作品时,应该用心感受作品所表达的情感和思想,与作品产生情感共鸣。同时,也可以通过与他人交流和分享来表达自己的感受和理解,丰富自身的情感体验和表达方式。

5. 参与戏剧活动和实践

参与戏剧活动和实践是欣赏戏剧艺术美的重要途径之一。可以参加一些戏剧表演、创作、评论等活动和实践,通过亲身参与和体验来深入理解和感受戏剧艺术的魅力。同时,也可以参加一些戏剧工作坊或培训班来提高自身的戏剧艺术鉴赏能力和表演技巧。

四、案例赏析

案例一:《哈姆雷特》

《哈姆雷特》是威廉·莎士比亚的代表作之一,也是世界文学史上的经典之作。它具有深刻的思想内涵和艺术价值(图 8-1)。《哈姆雷特》是一部充满情感冲突和情感表达的作品。它通过主人公哈姆雷特的内心矛盾和情感变化,展现了人类情感的复杂性和丰富性。通过欣赏这部作品,人们可以深入体验情感的多样性和变化,提高自身的情感表达和沟通能力。

图 8-1 《哈姆雷特》

《哈姆雷特》作为一部戏剧艺术作品,具有极高的审美价值。在语言运用方面,莎士比亚运用了丰富多彩、优美动人的辞藻,使得这部戏剧作品充满了诗意和感染力。它反映了英国文艺复兴时期的文化特点和价值观念。通过欣赏这部作品,人们可以了解英国文艺复兴时期的文化背景和社会环境,增强对西方文化的认识和理解。同时也可以增强对多元文化的认识和理解,拓宽自身的文化视野和思维深度。《哈姆雷特》不仅是一部戏剧作品,更是一部体现人文精神的作品。它关注人性的复杂性和社会道德的困境,通过主人公哈姆雷特的复仇故事,揭示了人性的善恶冲突和道德选择。通过欣赏这部作品,人们可以更深入地理解人性、社会和道德问题,提升自身的人文素养,拓展文化视野。

案例二:《罗密欧与朱丽叶》

《罗密欧与朱丽叶》是威廉·莎士比亚的经典戏剧作品,被誉为西方文学史上最著名的爱情故事之一(图 8-2)。这部作品以深刻的情感、丰富的戏剧性和人性的真实写照,成为世界文学的瑰宝。通过对这部作品的鉴赏,我们可以领略到莎士比亚戏剧的魅力,以及其所传递的美育价值。

《罗密欧与朱丽叶》以热烈的爱情为主线,展现了两位年轻人在家族世仇和命运捉弄下的悲欢离合。莎士比亚用诗意的语言和戏剧性的情节,将爱情的美好、痛苦和牺牲展现得淋漓尽致,我们深切

图 8-2 《罗密欧与朱丽叶》

第八章 戏剧与影视艺术美

地感受到主人公们对爱情的执着和无奈。这种情感之美,让我们对爱情有了更深刻的理解和感悟。

莎士比亚在《罗密欧与朱丽叶》中塑造了两个充满矛盾的角色。罗密欧与朱丽叶既有着年轻人的激情和冲动,也有着对家族、社会和命运的反抗。他们在爱情中表现出的人性的光辉和黑暗面相互交织,使得这部作品具有深刻的人性之真。通过对这两个角色的刻画,莎士比亚揭示了人性中的善恶冲突和对爱情的复杂心理,使观众能够更深入地思考人性的本质。

《罗密欧与朱丽叶》作为一部戏剧作品,具有极高的艺术价值。莎士比亚运用精湛的戏剧技巧,将故事情节、人物性格和情感冲突紧密结合在一起。从家族世仇到偶然相遇,从秘密结婚到悲剧发生,每一个环节都扣人心弦。观众在欣赏这部作品时,能够感受到强烈的情感冲击和思考的深度,这种戏剧之美使得《罗密欧与朱丽叶》成为永恒的经典。

案例三:《雷雨》

《雷雨》是中国现代话剧的经典之作,也是中国现代话剧史上的重要里程碑。它以独特的艺术风格和深刻的社会意义,成为中国话剧的代表作之一(图8-3)。

《雷雨》通过描写一个家庭内部的矛盾和纷争,揭示了当时中国社会的现实和问题。

剧中人物的情感和内心世界,让观众感受到人性的复杂和多样性。同时,它也传递了积极向上的价值观和人生观,让观众认识到人生的意义和价值所在。每一个角色都有其独特的性格和命运,这些角色之间的冲突和交织构成了整部剧的

图8-3 《雷雨》剧照

主要张力。例如,周朴园这个角色既有着封建家长的威严,又有着对家庭分崩离析的无奈;蘩漪这个角色则体现了被封建礼教束缚的女性内心的苦闷和反抗。这些角色的深度塑造让观众能够更深入地理解人性的复杂性和多面性。通过家庭纷争和人物命运的展现,深刻揭示了封建社会的伦理道德观念对个体的压迫和束缚。它让观众思考如何在复杂的社会环境中保持个人的尊严和自由。《雷雨》中的情感冲突是推动剧情发展的重要动力。家族恩怨、爱恨交织、欲望与道德的冲突等都在剧中得到了充分的展现。这些情感冲突不仅增强了剧情的张力,也让观众更深入地感受到人物内心的挣扎和痛苦。

《雷雨》的舞台设计巧妙地结合了灯光、音效和布景,以呈现出一个令人信服的戏剧世界。比如,通过明暗交替的灯光来强调戏剧冲突和人物内心的挣扎;通过音效来模拟雷电、雨声等自然元素,以加强剧情的紧张氛围。

第二节 影视艺术美

影视艺术作为当代最为流行的艺术形式之一,以其独特的魅力和影响力,深受人们的喜爱。本节将深入探讨影视艺术美的内涵、特点及其在教育中的价值,引导人们更好地欣赏和理解影视艺术,培养人们的审美素养和人文情怀。

一、影视艺术美的内涵

1. 综合性之美

影视艺术融合了文学、戏剧、音乐、绘画、摄影等多种艺术元素,通过画面、声音、故事情节等手段,展现出综合性的艺术魅力。这种综合性使得影视艺术能够充分调动观众的感官,带来丰富多样的审美体验。另外,综合性之美也体现在技术与艺术的结合中,先进的拍摄技术如高清摄影、特效制作、3D 成像等,创造出令人惊叹的视觉效果,让观众仿佛身临其境;剪辑技术在影片的节奏把握和叙事流畅性上起着关键作用,巧妙的剪辑能够增强故事的吸引力和张力。

2. 逼真性之美

影视艺术借助先进的摄影技术和特效手段,能够逼真地再现现实生活中的场景和人物形象,使观众产生身临其境的感觉。这种逼真性不仅增强了作品的真实感,也为观众提供了更广阔的想象空间。逼真性之美主要体现在高清的画质、精细的特效技术、高质量的录音和混音技术、真实展现的角色性格和心理状态等方面,进而打破银幕的界限,让观众仿佛亲身经历故事中的一切,从而产生深刻的情感体验和思考。

  3. 情感性之美

  影视艺术的情感性之美是其触动观众内心深处的关键所在。影视艺术通过生动的故事情节和人物形象，能够深刻地表达人类的情感和内心世界。观众在欣赏影视作品时，往往能够产生共鸣和情感投射，体验到强烈的情感冲击和心灵震撼。情感性之美主要包括引发情感的共鸣、情感的多元表达、情感的积累与释放、情感的细腻刻画等方面，通过情感塑造深深打动观众的心灵，使他们在欣赏作品的过程中得到情感的滋养和慰藉，同时也对人生和世界有更深刻的理解和感悟。

二、影视艺术美的特点

  1. 时空自由性

  影视艺术在时空处理上具有极大的自由性，可以在有限的时间内展示广阔的空间，也可以在瞬间跨越历史的长河。这种时空自由性为创作者提供了广阔的想象空间，也为观众带来了视觉和听觉上的享受。

  2. 视听冲击力

  影视艺术通过画面、声音、色彩等元素的组合，能够产生强烈的视听冲击力。这种冲击力能够迅速吸引观众的注意力，激发他们的审美兴趣，使他们沉浸于作品所营造的艺术氛围中。

  3. 文化内涵丰富性

  影视艺术作为文化的载体，往往蕴含着丰富的文化内涵。通过欣赏影视作品，观众可以深入了解不同民族、不同国家的文化特色和价值观，拓宽自己的文化视野。

三、影视艺术美的价值

  1. 提升审美素养

  通过欣赏优秀的影视作品，可以提升自己的审美水平，培养对美的敏感度和鉴赏力。观众被影视艺术精彩的画面所吸引，精心设计的构图、对称的和谐之美、错落有致的灵动之美，都在潜移默化中训练着人们对美的布局与平衡的感知；恰到好处的配乐能够在瞬间点燃内心的情感火焰，使人们更加敏锐地感受音乐的节奏、旋律与情感的交融；影视作品巧妙的情节转折、紧凑的节奏把控，让人们懂得欣赏故事的起承转合之美，体会到张力与舒缓之间的精妙平衡。这种审美素养的提升有助于人们在日常生活中发现美、欣赏美、创造美。

2. 拓展人文知识

影视艺术作为文化的表现形式,能够传递丰富的人文知识。通过欣赏不同国家、不同时期的影视作品,可以了解不同文化的特点和价值观,增强自己的文化自信心和跨文化交流能力。影视作品也是文化传承的重要载体,展现了世界各地丰富多彩的民俗风情,从传统的节日庆典到独特的服饰饮食,从古老的宗教仪式到民间的艺术表演。人们在欣赏的过程中,能够深入了解不同文化的独特魅力和价值观念,增进对多元文化的尊重和包容,打破文化隔阂,拓宽文化视野。

3. 培养情感表达与理解能力

影视艺术通过生动的故事情节和人物形象,能够引发情感共鸣。通过欣赏和讨论影视作品,可以学会更好地表达自己的情感和理解他人的感受,增强自己的人际交往能力。

四、案例赏析

案例一:《一江春水向东流》

《一江春水向东流》是一部深入探寻艺术之美与人性之真的影片。这部作品以独特的艺术魅力,不仅展现了历史的波澜壮阔,更深刻揭示了人性的复杂与多样(图8-4)。

从画面构图与视觉美学来看,《一江春水向东流》展现了电影艺术的视觉魅力。导演巧妙运用镜头语言,将长江的浩渺与人物的命运交织在一起,形成了一幅幅壮美的画面。影片中的每一个镜头都充满了诗意,无论是长江的波涛汹涌,还是城市的繁华与落寞,都被表现得细腻而生动。这种画面构图与视觉美学的运用,不仅增强了影片的观赏性,也加深了观众对影片主题的理解。

从音乐与音效的运用来看,《一江春水向东流》同样展现了极高的艺术水平。影片中的音乐、音效与画面紧密结合,营造出一种独特的氛围。当人物命运发生转折时,音乐的节奏和旋律也会随之变化,

图8-4 《一江春水向东流》

让观众更加深刻地感受到人物内心的情感波动。这种音乐与音效的运用，不仅丰富了影片的艺术表现力，也加深了观众对影片情感的共鸣。

在人物塑造与情感表达方面，《一江春水向东流》同样表现出色。影片通过细腻而真实的表演，展现了人物复杂的内心世界和情感变化。无论是主角的坚韧与执着，还是配角的善良与牺牲，都被塑造得栩栩如生。影片通过人物之间的情感纠葛和命运交织，揭示了人性的复杂与多样。这种人物塑造与情感表达的方式，不仅让观众更加深入地了解了人物的性格和命运，也引发了观众对于人性、家庭、爱情等主题的深入思考。

从主题意蕴与思想内涵来看，《一江春水向东流》具有深刻的思想性和艺术性。影片通过讲述一个家庭在历史变迁中的悲欢离合，反映了时代的变迁和人性的复杂。影片中的每一个角色都承载着时代的印记和历史的记忆，他们的命运也代表了那个时代人们的普遍命运。影片通过展现这些人物的命运和故事，传达了一种对人性、家庭和社会的深刻思考和人文关怀。这种主题意蕴与思想内涵的呈现，不仅让影片具有更高的艺术价值，也让观众在欣赏影片的同时得到了思想上的启迪和升华。

案例二：《霸王别姬》

《霸王别姬》作为一部具有深厚艺术价值的影视作品，不仅在中国电影史上占有重要位置，更以其独特的艺术魅力和深刻的人文内涵，成为世界电影宝库中的瑰宝。从美育角度来鉴赏这部作品，我们可以从以下几个方面进行探讨。

1. 视觉美学的呈现

《霸王别姬》在视觉美学上达到了极高的水准。导演通过对色彩、构图和摄影技巧的精心运用，营造出了一种既真实又梦幻的视觉效果。影片中的京剧表演场景，无论是华丽的服饰、精致的妆容，还是舞台上的光影变化，都展现出了中国传统艺术的独特韵味。同时，影片中的现代场景也充满了时代感和生活气息，与京剧场景形成了鲜明的对比，使观众在视觉上得到了极大的享受。

2. 情感美学的体验

《霸王别姬》在情感表达上同样达到了极高的境界。影片通过讲述两位京剧演员程蝶衣和段小楼之间的爱恨情仇，展现了人性的复杂。他们之间的情感纠葛、恩怨情仇，以及他们与京剧艺术的紧密联系，都让观众感受到了强烈的情感冲击。影片中的情感表达既真实又细腻，让观众在情感上得到了深刻的体验。

3. 文化美学的传承

《霸王别姬》作为一部具有深厚文化内涵的影视作品，对中国传统文化的传承与弘扬起到了积极的作用。影片通过展现京剧艺术的魅力，让观众更加深入地了解了中国传统文化的博大精深。同时，影片还通过对历史背景的描绘和人物命运的叙述，展现了当时社会的风貌和人民的生活状态。

4. 艺术美学的创新

《霸王别姬》在艺术表现上也具有创新之处。影片采用了独特的叙事方式和镜头语言，通过交叉剪辑和时空转换等手法，将历史与现实、真实与虚幻巧妙地融合在一起，形成了一种独特的艺术风格。这种艺术创新不仅增强了影片的观赏性，也使观众在审美上得到了新的体验。

《霸王别姬》作为一部具有深厚艺术价值的影视作品，在视觉美学、情感美学、文化美学和艺术美学等方面都有独特的魅力。这部作品不仅让观众在审美上得到了极大的享受，更让人们在心灵上得到了深刻的触动和启迪（图8-5）。

图 8-5 《霸王别姬》

案例三：《布达佩斯大饭店》

1. 视觉美学的卓越呈现

《布达佩斯大饭店》以其独特的视觉风格著称，导演韦斯·安德森通过精心设计的对称构图、丰富的色彩运用以及精致的布景，打造出一个充满复古韵味和异国风情的世界。影片中的每一个镜头都仿佛是一幅精心绘制的油画，无论是布达佩斯大饭店的华丽装饰，还是角色的服饰搭配，都体现了极高的审美水准。这种视觉上的享受不仅带给观众美的体验，也有助于进一步加深对故事背景和人物性格的理解。

2. 情节结构的非线性叙事

《布达佩斯大饭店》采用了非线性的叙事结构，通过回忆和闪回的方式展现故事。这种处理方式不仅增加了故事的复杂性和吸引力，也促使观众更加主动地参与到故事的解读当中。这种叙事结构不仅体现了导演对故事节奏的精准把握，也展现了其对影视艺术叙事技巧的深刻理解。

3. 角色塑造与情感共鸣

影片中的角色都有鲜明的个性和特点，导演通过细腻的刻画和深入的情感挖掘，使观众能够与角色产生情感共鸣。特别是主角古斯塔夫先生和他的年轻门生之间的友谊故事，不仅展现了人性的光辉，也传递了积极向上的价值观。这种情感共鸣不仅让观众在观影过程中得到情感的满足，也进一步提升了影片的艺术价值。

4. 幽默与讽刺的艺术表达

影片中的对话和台词充满了幽默和讽刺，这种表达方式不仅展现了导演独特的幽默风格，也深刻地揭示了人性的复杂性和社会的种种问题。观众在笑声中不仅能够感受到影片的轻松氛围，也能够深入思考人性和社会问题。这种艺术表达方式不仅增强了影片的观赏性，也提升了其思想深度。

5. 跨文化的美育价值

《布达佩斯大饭店》以东欧小国为背景，通过讲述一个关于爱情、友情和冒险的故事，展现了不同文化之间的碰撞与融合。这种跨文化的故事背景不仅拓宽了观众的视野，也促进了不同文化之间的理解和尊重。影片所传递的价值观和人文关怀精神，对于提升观众的文化素养和审美能力具有积极意义。《布达佩斯大饭店》是一部在美育方面具有极高价值的影视作品。其卓越的视觉美学、非线性叙事结构、深入的角色塑造与情感共鸣、幽默与讽刺的艺术表达以及跨文化的美育价值都使其成为一部值得深入鉴赏的影视佳作（图8-6）。

图8-6 《布达佩斯大饭店》

案例四：《肖申克的救赎》

《肖申克的救赎》不仅是一部深受观众喜爱的经典电影，更是一部展现了深邃的艺术魅力和人文价值的作品。这部作品通过独特的叙事方式、精湛的演技，以及丰富的象征与隐喻，为观众呈现了一个关于希望、友谊和自由的不朽传奇。

1. 视觉美学的体现

《肖申克的救赎》在视觉美学上达到了极高的水准。从阴暗压抑的监狱环境到广阔自由的太平洋岛屿，影片的画面转换不仅展现了主人公内心的变化，也形成了强烈的视觉对比，引发观众对于自由与束缚的深刻思考。此外，影片中的色彩运用也极具特色，如安迪挖的隧道所透出的微弱光芒，象征着希望与救赎，给观众带来了强烈的视觉冲击。

2. 叙事美学的运用

影片在叙事上采用了非线性结构，通过回忆与现实的交织，展现了主人公安迪在监狱中的生活和他与狱友埃利斯的深厚友谊。这种叙事方式不仅使故事更加引人入胜，也增加了观众对人物情感的共鸣。此外，影片中的象征与隐喻也层出不穷，如安迪挖的隧道、他播放的莫扎特音乐等，都寓意着对自由与希望的追求。

3. 情感美学的展现

《肖申克的救赎》在情感表达上非常细腻，无论是主人公安迪与狱友埃利斯之间的深厚友谊，还是他们对于自由的渴望与追求，都让观众感受到了强烈的情感共鸣。影片中的每个角色都有着自己的故事和背景，他们的情感变化与成长都被展现得淋漓尽致，使观众在欣赏电影的同时也能感受到人性的复杂与美好。

4. 文化美学的融入

《肖申克的救赎》不仅是一部电影艺术作品，更是一部融入了丰富文化内涵的作品。影片中的监狱环境、人物关系以及故事情节都反映了当时社会的文化背景和价值观。同时，影片也通过主人公安迪对知识的热爱和对自由的追求，展现了人类对文明和进步的渴望。《肖申克的救赎》从美育角度展现了极高的艺术价值和人文内涵。它以独特的视觉美学、叙事美学、情感美学和文化美学，为观众呈现了一个关于希望、友谊和自由的不朽传奇。这部作品不

图 8-7 《肖申克的救赎》

仅让观众在欣赏电影的同时感受到了美的熏陶和启迪，也让他们对于人生、社会和文化有了更深刻的认识和思考（图 8-7）。

案例五：《千与千寻》

1. 画面美学

《千与千寻》以其独特的画面风格著称。影片中的场景设计细致入微，色彩搭

配和谐，充满了想象力和诗意。从繁华的汤屋到神秘的油屋，再到奇幻的火车之旅，每一个场景都仿佛是一幅幅精美的画卷，展现了导演对细节的极致追求和对美的独特理解。影片中的光影运用也堪称一绝，通过明暗对比和光影变幻，营造出一种神秘而梦幻的氛围，使观众仿佛置身于一个奇幻而美丽的世界。

2. 角色设计

影片中的角色设计也体现了极高的美学价值。千寻作为一个普通的十岁女孩，她的成长历程充满了勇气和智慧。她的形象设计既符合年龄特征，又富有变化，从最初的胆小怯懦到后来的勇敢坚定，都通过细腻的画面和动作设计得以展现。此外，影片中的其他角色如白龙、无脸男、汤婆婆等也都各具特色，形象鲜明，他们的形象和性格都通过画面得到了生动的展现。

3. 音乐美学

《千与千寻》的音乐同样令人难以忘怀。久石让的音乐作品与影片的画面相得益彰，共同营造了一种神秘而美丽的氛围。主题曲『いつも何度でも』以其优美的旋律和深情的歌词，深深地打动了观众的心灵。影片中的其他配乐也各具特色，既有紧张的战斗音乐，也有温馨的亲情音乐，这些音乐成功地传达了影片的情感和主题。

4. 文化内涵

影片通过千寻的冒险历程，展现了日本文化中对成长、勇气、责任和爱的重视。影片中的油屋、汤屋等场景都充满了日本传统文化元素，如神社、浴池等，都体现了日本文化的独特魅力。此外，影片还探讨了人与自然、人与社会之间的关系，反映了人类在面对困境时的选择和成长。

《千与千寻》是一部充满美学价值和文化内涵的动画电影。从画面美学、角色设计、音乐美学到文化内涵，影片都展现了极高的艺术水准和深刻的人文关怀。通过对影片的鉴赏，我们可以更好地理解和欣赏电影艺术的魅力，也可以从中汲取文化养分，拓宽自己的视野和思维方式。同时，《千与千寻》也为我们提供了一个思考和探索美、爱和成长的宝贵机会（图8-8）。

图 8-8 《千与千寻》

第九章
实用艺术美

第一节　建筑艺术美

第二节　园林艺术美

第三节　工艺美术

第四节　现代设计美

第一节　建筑艺术美

一、建筑艺术的概念

建筑艺术是以建筑的工程技术为基础的一种造型艺术，它主要通过空间实体的造型和结构安排、相关艺术的结合以及与自然环境的关系等发挥审美功能。这种艺术形式通过合理的实用功能和先进的技术手段显示其艺术价值，是一种立体艺术形式。建筑艺术涵盖了建筑群体组织、建筑物的形体、平面布置、立面形式、内外空间组织、结构造型等多个方面，即建筑的构图、比例、尺度、色彩、质感和空间感等。同时，它也包括了建筑的装饰、绘画、雕刻、花纹、庭院、家具陈设等多方面的考虑和处理，形成了一种综合性艺术。

建筑艺术的起源可以追溯到原始社会，那时人类为了栖身而搭建窝棚、挖掘洞穴，窝棚和洞穴就成为最初的建筑。随着人类社会的发展和进步，建筑艺术逐渐丰富和发展，不仅满足了人们的居住需求，更体现了人们对美的追求和表达。

从使用的角度，建筑艺术可以分为住宅建筑、生产建筑、文化建筑、园林建筑、纪念性建筑、陵墓建筑、宗教建筑等。从建筑材料的角度，建筑艺术可以分为木结构建筑、砖石建筑、钢筋水泥建筑、钢木建筑等。此外，从民族风格和时代风格的角度，建筑艺术也有着丰富多样的分类。在建筑艺术的设计中，需要遵循一些原则，如整体性设计原则、联系性设计原则、动态性设计原则和有序性设计原则等。这些原则有助于确保建筑设计的合理性和美观性。建筑艺术形象具有特殊的反映社会生活、精神面貌和经济基础的功能。它与历史时代、地理气候、民族文化和生活习俗密切相关，同时也受到材料、结构、施工技术的制约。因此，欣赏和理解建筑艺术，需要综合考虑多种因素。

二、案例赏析

在赏析著名建筑作品时，我们可以从多个维度出发，如历史背景、设计理念、结构特点、材料运用以及其对当地文化和环境的影响等。以下是对几个著名建筑作品的赏析。

1. 圣索菲亚大教堂（Hagia Sophia）

圣索菲亚大教堂位于土耳其伊斯坦布尔，原为拜占庭帝国的主教堂，后改建为清真寺，现为博物馆（图9-1）。主穹顶直径达33米，由半圆形的拱门、帆拱及四个大柱墩支撑。内部空间宽敞，光线透过马赛克窗户洒入内部，营造出神秘而庄重的氛围。这座巍峨壮观的建筑，不仅在建筑史上具有重要地位，更是充满美

图9-1 圣索菲亚大教堂

学价值的杰作。从美育的角度出发,我们可以从以下几个方面来欣赏和解读这座建筑作品。

圣索菲亚大教堂展现了建筑艺术的独特魅力。它采用了拜占庭建筑风格,这种风格以宏伟的穹顶、丰富的装饰和独特的色彩运用而著称。教堂的穹顶高耸入云,显得尤为壮观,而四周的窗户则镶嵌着彩色玻璃,使得教堂内部光线柔和,色彩斑斓。这种设计不仅体现了建筑师对美的追求,也展示了当时社会的审美观念和宗教信仰。

圣索菲亚大教堂体现了建筑艺术的创新性和包容性。建筑师在设计过程中,既汲取了拜占庭风格的精髓,又融入了本地文化的元素,形成了独特的建筑风格。这种融合与创新的精神,不仅体现在建筑本身,也反映了当时社会的开放和包容。这种创新精神在建筑艺术中具有重要意义,它推动了建筑艺术的不断发展和进步。

圣索菲亚大教堂还体现了建筑艺术的实用性和审美性的统一。作为一座宗教建筑,它不仅要满足信徒们的宗教需求,还要为信徒们提供一个宁静、庄重的祈祷环境。因此,建筑师在设计过程中充分考虑了教堂的实用性和审美性,教堂内部的装饰和布局都体现了这种理念。

圣索菲亚大教堂为我们提供了一个学习和欣赏建筑艺术的宝贵机会。通过对这座建筑作品的欣赏和学习,我们可以更好地理解建筑艺术的美学价值和审美观念。同时,我们也可以从中汲取灵感和启示,提高我们的审美能力和创造力。

第九章 实用艺术美

2. 巴黎圣母院（Cathédrale Notre-Dame de Paris）

巴黎圣母院位于法国巴黎市中心，是哥特式建筑的杰出代表。巴黎圣母院的飞扶壁和骨架券结构是哥特式建筑的典型特征，这些结构不仅增加了建筑的稳定性，还为其外观增添了独特的韵味（图9-2）。

巴黎圣母院的建筑风格独特，高耸挺拔，辉煌壮丽，充满了浪漫主义的色彩。这种风格在建筑史上具有划时代的意义，打破了当时传统教堂建筑的笨重感，展现出轻盈、灵动的特点。建筑师追求高耸、轻盈和充满神秘感的视觉效果，通过尖拱门、细长柱子和彩色玻璃花窗等元素来实现。无论是高耸的尖塔、精美的雕刻还是色彩斑斓的玻璃窗，都体现了建筑师对美的追求和表达。

巴黎圣母院不仅是法国及欧洲的文化地标建筑，也是欧洲最著名的哥特式大教堂之一。它承载了丰富的历史和文化内涵，是巴黎乃至整个欧洲的重要文化遗产。通过对巴黎圣母院的欣赏，人们可以深入了解欧洲的历史、文化和宗教，从而拓宽自己的视野和认知。

巴黎圣母院的建筑艺术精湛，无论是其结构设计、雕刻艺术还是绘画艺术，都达到了极高的水平。它的建筑造型轻盈灵动，符合建筑美的法则，具有极高的审美价值。同时，巴黎圣母院内部珍藏的大量艺术珍品也展示了当时艺术的辉煌成就，为人们提供了丰富的审美体验。

图9-2 巴黎圣母院

巴黎圣母院是一座具有极高美育价值的建筑。它独特的建筑风格、丰富的文化内涵、精湛的建筑艺术以及美育意义都使其成为一个不可多得的审美对象。通过对巴黎圣母院的欣赏和学习，人们可以更好地认识美、爱好美和创造美。

3. 悉尼歌剧院（Sydney Opera House）

由丹麦建筑师约恩·乌松设计，灵感来源于玛雅文化和悉尼港湾的帆船（图9-3）。其独特的帆船造型由多个巨大的白色拱壳组成，每个拱壳都经过精确计算以确保结构的稳定性和美观性。内部空间布局灵活多变，可满足不同演出需求。悉尼歌剧院采用了高性能的混凝土和钢材作为主要建筑材料，这些材料不仅保证了建筑的强度和耐久性，还为其外观增添了现代感。悉尼歌剧院无疑是一座杰出的建筑，它以独特的艺术魅力和深刻的美学价值，为公众提供了认识美、爱好美和创造美的绝佳机会。

悉尼歌剧院在建筑美学上具有极高的价值。其设计理念是将建筑与自然环境融为一体，兼顾实用性和美感。整个建筑群由多个小型建筑单元组成，每个单元都有其独特的形状和尺寸，但又相互融合成为一个整体。这种设计方式使悉尼歌剧院在形式上富有变化和层次感，展示了建筑与自然的和谐共生之美。

悉尼歌剧院的外观是其最大的特色之一。整个建筑以强烈的几何线条和曲面

图9-3 悉尼歌剧院

第九章 实用艺术美

构成，搭配着白色的陶瓷瓦片，形成了独特的外观风格。尤其是建筑顶部的弧线状屋顶，仿佛白帆在海上航行，与悉尼港湾的风景相得益彰。这种独特的设计不仅展现了建筑师对美的独特理解和追求，也激发了人们对美的欣赏和追求。

悉尼歌剧院的内部空间同样令人叹为观止。主剧院、小剧院、音乐厅等各个演出场地都被精心设计，以确保良好的音效和观赏效果。建筑内还包括各类艺术展览空间、音乐工作室和多功能厅等，为人们提供了多样化的艺术体验场所。这些内部空间的设计不仅展示了建筑师对实用性和美学的追求，也为公众提供了丰富的艺术实践机会，让人们在欣赏美的同时，亲身参与到美的创造中来。

4. 北京故宫

北京故宫的建筑结构以木结构为主，采用梁柱式构造，斗拱为主要受力方式。这种结构不仅坚固耐用，而且充满了流动性和灵活性。在建筑的每个角落，都可以看到精细的木雕和彩绘，这些装饰不仅增强了建筑的美感，也体现了古代工匠的精湛技艺。

故宫的屋顶形式丰富多样，包括庑殿顶、歇山顶、攒尖顶、悬山顶、硬山顶等，每种屋顶都有其独特的造型和寓意。例如，庑殿顶是中国古代建筑中等级最高的屋顶形式，常用于主要宫殿，象征着皇帝的权威和地位。这些屋顶上装饰有龙、凤、狮子等瑞兽，以及莲花、云纹等吉祥图案，既美化了建筑，又体现了中国古代文化的深厚内涵。

故宫的彩绘和雕刻艺术堪称一绝。无论是梁、枋、斗拱，还是门窗、隔断，都装饰有精美的彩绘和雕刻。这些图案内容丰富，寓意深远，既有山水、花鸟、人物等自然景观，也有神话传说、历史故事等文化元素，具有很高的艺术价值。

故宫的建筑与自然环境相得益彰，形成了独特的园林风格。在宫殿的周围，有假山、水池、花坛等园林景观，这些景观与建筑相互映衬，形成了一幅幅美丽的画卷。同时，故宫还巧妙地运用了借景、对景等造园手法，使得整个建筑群与自然环境融为一体，达到了"天人合一"的哲学境界。

故宫的空间布局严谨有序，层次分明。整个建筑群按照"前朝后寝"的原则进行布局，前朝为皇帝处理政务的地方，后寝为皇帝和后妃们居住生活的地方。这种布局既体现了皇权的至高无上，也反映了古代社会的等级制度。故宫还巧妙地运用了空间变化的手法，使得整个建筑群既有庄严肃穆的宫殿建筑，也有富有生活气息的园林景观。

故宫建筑是中国古代建筑艺术的瑰宝，它不仅体现了中国古代工匠的精湛技艺和独特风格，也反映了中国古代社会的审美观念和价值取向。通过对故宫建筑艺术的深入了解和欣赏，我们可以更好地领略到中华文化的博大精深和独特魅力（图9-4）。

图 9-4 北京故宫

第二节 园林艺术美

一、园林艺术的概念

园林艺术是一种依照美的规律来改造、改善或创造园林环境，使之更自然、更美丽、更符合时代与社会审美要求的艺术创造活动。它不仅是一种艺术形象，还是一种物质环境，是对环境加以艺术处理的理论与技巧。园林艺术是与功能相结合的艺术，是有生命的艺术，是与科学相结合的艺术，是融汇多种艺术于一体的综合艺术。

园林在中国有着悠久的历史和完整的理论体系。早在公元 1631 年，明代计成所著的《园冶》一书中就详细阐述了园林艺术的理论和技巧。在中国文化土壤上孕育出来的园林艺术，与中国的文学、绘画有密切的关系，追求人与自然的统一和融合。

园林艺术的创作过程中，会考虑比例与尺度、对比与调和、节奏与韵律、均衡与稳定等原则，以创造出视觉上和谐、功能上满足人们需求的园林环境。同时，园林艺术也注重因地制宜，根据园林所在地的地形、气候、土壤等自然条件，选择适合的植物和景观元素，使园林与周围环境相融合。

二、园林的分类

园林的分类方法多种多样，不同的分类方式可以反映出园林艺术的特点和差异。

1. 按园林设计的主导思想分类

写意山水园林：写意山水园林以山水为主题，通过艺术家的主观创造，对自然山水进行提炼、概括和再创造，形成具有独特意境和审美价值的园林景观。写意山水园林注重表现自然山水的神韵和意境，追求诗情画意和人文精神的融合。

写实园林：写实园林更注重对自然景象的精确再现和模仿。通过对自然景物的细致观察和描绘，力求在园林中创造出与自然景象相似的景观效果。写实园林往往具有高度的逼真性和观赏性，能够让人们感受到自然之美。

2. 按园林的功能和用途分类

观赏型园林：这种园林以观赏为主要功能，注重景观的视觉效果和审美价值。通常包括各种美丽的花卉、树木、建筑和雕塑等元素，通过巧妙的布局和设计，形成具有独特魅力的园林景观。观赏型园林是人们休闲、娱乐和游览的好去处。

生产型园林：生产型园林更注重园林的经济价值和实用性。通常包括果园、菜园、茶园等生产区域，以及与之相配套的景观设施。生产型园林不仅能够提供丰富的农产品，还能够为人们提供优美的环境和休闲空间。

综合型园林：综合型园林兼具观赏和生产两种功能。通常包括各种美丽的景观元素和生产区域，通过巧妙的布局和设计，将两者融为一体。综合型园林既能够满足人们的审美需求，又能够提供丰富的农产品和休闲空间。

3. 按园林的空间布局和景观特色分类

封闭式园林：封闭式园林通常具有明确的边界和围合空间，通过围墙、栅栏等障碍物将园林与外界隔绝开来。这种园林注重内部景观的营造和私密性的保护，能够营造出一种宁静、安详的氛围。

开放式园林：开放式园林通常没有明确的边界和围合空间，而是与周围环境相融合。这种园林注重景观的开放性和通透性，能够让人们感受到周围环境的美丽和变化。

混合式园林：混合式园林兼具封闭式园林和开放式园林的特点。通常包括一些封闭的景观区域和开放的景观区域，通过巧妙的布局和设计将两者融为一体。混合式园林既能够保护内部景观的私密性，又能够让人们感受到周围环境的美丽。

三、案例赏析

1. 颐和园

颐和园是中国古代皇家园林的代表,其设计融合了江南园林的精致与北方皇家园林的雄伟。园内山水相依,建筑精美,特别是长廊、十七孔桥、万寿山等景点,展现了古代园林艺术的卓越成就。

颐和园巧妙地将自然山水与人文建筑融为一体,充分展现了"天人合一"的哲学思想。园内湖光山色、亭台楼阁交相辉映,形成了独特的园林美学。漫步园中,仿佛置身于一幅流动的山水画卷之中,感受到自然与人文的和谐统一。

颐和园的园林布局匠心独运,充分运用了"借景""对景"等造园手法。如长廊蜿蜒曲折,远处的万寿山和昆明湖巧妙地映入眼帘,形成了一幅幅绝美的画面。同时,园内的每一处建筑、每一座桥梁、每一片水域都经过精心设计,与周围环境相互呼应,形成了完美的整体。

颐和园内的建筑艺术同样令人叹为观止。从巍峨的佛香阁到精致的十七孔桥,每一座建筑都体现了中国古代建筑的精湛技艺和独特风格。这些建筑不仅造型优美、色彩和谐,而且与周围的自然环境相得益彰,共同构成了颐和园独特的园林美学。

颐和园还蕴含了丰富的文化符号。如仁寿门外的猪猴石,乐寿堂庭院中的铜鹿、铜鹤、铜花瓶等,都寓意着吉祥、和谐、太平等美好的愿望。这些文化符号不仅增添了园林的文化内涵,也让人在欣赏美景的同时,感受到中华文化的博大精深。

颐和园的设计还注重提升人们的审美意趣。通过精心的园林布局和建筑设计,让人们在游览的过程中感受到自然之美、人文之美、艺术之美。同时,颐和园还融合了南北园林的精华,展现了中国传统园林艺术的独特魅力,提升了人们的审美能力和审美水平(图9-5)。

图9-5 颐和园

第九章 实用艺术美

2. 苏州园林

苏州园林是中国古典园林艺术的代表之一，以小巧玲珑、精致典雅而著称。园林多利用自然地形和条件，通过巧妙的设计和布局，将山水、建筑、植物等元素融为一体。

苏州园林的设计注重"借景"和"对景"，通过窗户、门洞等开口，将园外的景色引入园内，形成"园中有园、景外有景"的效果。同时，园内的建筑也体现了中国古代建筑的独特风格，如粉墙黛瓦、飞檐翘角等。

苏州园林的设计充分体现了自然与人文的和谐统一。园林内的山水、植物、建筑等被巧妙地融合在一起，形成了一幅幅精美的画卷。设计师们尊重自然，利用自然地形、水系和植被，通过巧妙的布局和精致的细节处理，创造出了既符合自然规律又充满人文气息的空间。

苏州园林在细节处理上极为精致，无论是建筑的雕刻、彩绘，还是景观的布置、植物的搭配，都体现了设计师们的匠心独运。例如，园林中的建筑多采用江南传统建筑风格，线条流畅、造型优美，同时配以精美的木雕、砖雕和彩绘，充满了浓厚的艺术气息。而景观的布置则充分利用了水、石、植物等元素，通过巧妙的组合和布局，营造出了宁静、幽雅的氛围。

苏州园林不仅是一座座美丽的园林，更是中国传统文化的载体。园林中的建筑、景观、植物等都蕴含着深厚的文化内涵。例如，园林中的建筑命名、匾额、楹联等都体现了中国古代的诗词歌赋、历史典故和哲学思想。而园林中的植物则寓意着吉祥、富贵、长寿等美好愿望。这些文化元素不仅丰富了园林的内涵，也让人们在欣赏园林美景的同时，能够感受到中国传统文化的博大精深。

苏州园林的造园艺术独具特色，其设计理念和手法都体现了中国古代园林艺术的精髓。设计师们注重空间的变化和层次感，通过巧妙的布局和借景、对景等手法，营造出了一种"步移景异"的效果。同时，园林中的水系也是其独特之处，设计师们利用水系的流动性和变化性，创造出了一种灵动、生动的空间氛围。

苏州园林以其独特的造园艺术、精致的细节处理和深厚的文化内涵，提升了审美价值。人们在欣赏园林美景的同时，也能够感受到中国传统文化的独特魅力和园林艺术的独特价值。这种审美价值的提升不仅让人们更加热爱和珍惜自己的文化遗产，也促进了中国传统文化的传承和发展（图 9-6）。

图 9-6 苏州园林

3. 凡尔赛宫园林

凡尔赛宫园林是法国古典园林艺术的杰作，其以宏大的规模、严谨的布局和精美的雕塑而闻名于世。园林以宫殿为中心，呈放射状向四周展开，形成一条宽阔的中轴线，两侧是对称的景观布置。

凡尔赛宫园林以其宏大的规模和壮观的景象，给人带来强烈的视觉冲击。从宫殿的正面望去，一条宽阔的中轴线贯穿整个园林，两侧是对称的树木、花坛和雕塑，形成了一种庄严肃穆的氛围。这种布局不仅展现了法国封建专制统治的威严，也体现了古典主义园林设计的精髓。

凡尔赛宫园林的设计充分体现了对称与和谐的美学原则。从宫殿到花园，从喷泉到雕塑，每一处都严格遵循对称布局，形成了一种秩序井然、和谐统一的美感。这种对称布局不仅增强了园林的庄重感，也让人感受到一种宁静与均衡的氛围。

凡尔赛宫园林的设计巧妙地将艺术与自然融为一体。在园林中，可以看到精美的雕塑、华丽的喷泉和精致的花坛，这些艺术品与周围的自然环境相互映衬，形成了一种独特的美感。同时，园林中的植物也经过精心选择和设计，形成了丰富多彩和层次分明的景观，使人们在欣赏的同时感受到大自然的魅力。

凡尔赛宫园林的景观随着季节的变化而呈现出不同的风貌。春天，樱花盛开，满园春色；夏天，绿树成荫，鲜花盛开；秋天，红叶满园，果实累累；冬天，白雪皑皑，银装素裹。这种季节性的变化不仅丰富了园林的景观，也增加了人们的审美体验。

凡尔赛宫园林不仅是法国园林艺术的杰作，也是欧洲园林设计的典范（图 9-7）。它代表了法国封建专制统治时期的文化精神和审美追求，也体现了欧洲古典主义园林设计的最高成就。在园林中漫步，人们可以感受到法国文化的深厚底蕴和历史的厚重感。

图 9-7　凡尔赛宫园林

第三节　工艺美术

一、工艺美术的概念及发展

工艺美术（Craft Art）是指制作手工艺品的艺术，这些艺术品通常装饰精美，具有实用性或目的性。它涵盖了广泛的手工技术，如金工、木工、编织、裁缝、塑料造型，以及雕刻、版画制作和绘画的技法。工艺美术品是以手工艺技巧制成的与实用相结合并有欣赏价值的工艺品。

工艺美术的历史悠久，与人们的日常生活有密切的关系。它起源于人类开始制造工具的时代，随着时代的发展，工艺美术已不局限于手工艺，而是与机器工业，甚至与大工业相结合，把实用品艺术化或艺术品实用化。

二、工艺美术品的种类

工艺美术品的种类繁多，包括但不限于以下几种。

1. 木工艺品

用雕刻、镂空、拼贴、切割等工艺制作的木制品。

2. 金属工艺品

如铜器、铁器、金器、银器等，通过铸造、锻造、雕刻等多种工艺手段来制作。

3. 纺织品

用刺绣、钩针、织布、编织、染色、印花等工艺制作的作品，其中丝绸、棉布、麻布等都是常见的材质。

4. 陶艺

包括烧制、彩绘、雕刻、印刻等工艺制作的作品，如陶器、瓷器等。

5. 珠宝

如各种手镯、项链、戒指、耳环等，通常采用金属、宝石、珍珠等材质制作。

6. 玻璃工艺品

如各种装饰花瓶、餐具、雕刻工艺品等，通过吹制、切割、雕刻等工艺制作而成。

三、工艺美术品的特点

1. 实用性

工艺美术品通常具有一定的实用功能，如陶瓷器具、家具、服装等，这些作品不仅具有观赏价值，还能发挥实际作用。工艺美术品首先满足了人们的基本需求，为人们营造了温馨舒适的居住环境，同时还具备一定的保暖、遮光等实际功能。它以独特的方式融入我们的生活，为我们提供便利、舒适和愉悦的体验。

2. 文化性

工艺美术品通常承载着某个地区或民族的文化传统和历史内涵，代表了一种文化传承，具有一定的历史和文化价值。每一件工艺美术作品都深深植根于特定的文化土壤之中。它反映了一个民族、一个地区的历史传统、宗教信仰、风俗习惯和审美观念。在历史的长河中，不同地区的文化相互碰撞、相互影响，在工艺美术领域留下了鲜明的印记。工艺美术品还传承着特定文化中的技艺和知识。这些技艺往往经过数代人的传承与发展，凝聚着先辈们的智慧和经验。

3. 手工制作

工艺美术品是人们用手工技艺精心制作而成的，不同于机器大量生产的商品，每件工艺品都是独一无二的。每一件工艺品都承载着制作者的情感、思想和技艺，而非机械复制的千篇一律。制作者在创作过程中的每一次触摸、每一道工序，都留下了个性化的痕迹。手工艺人在传承传统的基础上，不断融入新的创意和想法，使作品既具有历史的韵味，又展现出时代的风貌。不同地区的手工艺人会运用当地特有的材料和工艺，形成具有地域特色的风格。

4. 艺术性

工艺美术品融合了设计与艺术的元素，不仅注重实用性和功能性，还注重美感的表现。工艺美术品巧妙的造型、和谐的比例、优美的线条，展现出令人赏心悦目的视觉效果。丰富而鲜明的色彩搭配，或柔和典雅，或热烈奔放，不仅能够吸引人们的目光，还能传递出特定的情感和氛围，使作品具有强烈的艺术感染力。作品中的图案、纹饰往往不是随意而为，而是承载着历史、宗教、神话等方面的寓意，反映了人类的思想、信仰和对美好生活的追求，从而赋予作品深厚的文化底蕴和精神价值。

5. 材料多样性

工艺美术的世界犹如一座缤纷绚丽的材料宝库，展现出令人惊叹的多样性。工艺美术作品使用的材料丰富多样，包括金属、陶瓷、玻璃、木材、纺织品等。从天然材料的角度来看，木材以其温润的质感和独特的纹理，成为雕刻和家具制作的常用之选。金属在工艺美术中也占据着重要地位，黄金和白银的华丽光泽使其成为珠宝制作的首选，而铜、铁等金属经过锻造、铸造等工艺，能够塑造出形态各异的雕塑和实用器具。陶瓷同样令人瞩目，从细腻的青花瓷到古朴的黑陶，从精美的粉彩瓷到素雅的白瓷，不同的泥土配方、烧制温度和釉料的运用，造就了丰富多彩的陶瓷作品，满足了人们对美的不同追求。纤维材料如丝、麻、棉等，通过编织、刺绣等工艺，能够制作出华丽的织物和精美的绣品。

四、案例赏析

案例一：白玉桐荫仕女图山子

白玉桐荫仕女图山子是一件充满艺术魅力和深刻文化内涵的玉雕作品（图9-8）。这件作品不仅展示了中国传统工艺美术的精湛技艺，更体现了中国古代社会的审美观念和生活情趣。

从材质上看，白玉桐荫仕女图山子采用了和田白玉这一顶级玉材，经过匠人的精心雕琢，呈现出了温润细腻、洁白无瑕的质感。这种材质的选择，不仅凸显了作品的高贵气质，也反映了中国古代人民对玉的深厚情感。

图9-8 白玉桐荫仕女图山子

在工艺上，白玉桐荫仕女图山子展现了极高的雕刻水平。匠人巧妙运用俏色玉雕的技法，将和田白玉籽料自带的天然黄皮俏色使用，巧雕成梧桐树的黄色叶子，惟妙惟肖，匠心独具。这种俏色玉雕的技法，不仅增加了作品的艺术表现力，也体现了匠人对自然美的深刻理解和尊重。

从主题和构图上看，白玉桐荫仕女图山子以江南园林为背景，描绘了两个少女在庭院中的生活场景。画面中的太湖石、梧桐树、蕉叶等元素，构成了一幅和谐的园林景象，充满了浓郁的生活气息和审美意趣。这种对自然美的描绘和赞美，体现了中国古代社会追求人与自然和谐相处的审美观念。

在人物刻画上，匠人通过细腻入微的雕刻手法，生动地表现了两位少女的形象。她们或手持灵芝，轻盈地向徐开的院门走去；或双手捧盒，向门外走来。这种对人物心理活动的刻画和情景交融的构图方式，不仅增强了作品的艺术感染力，也展示了中国古代工艺美术的独特魅力和文化内涵。

案例二：四羊方尊

四羊方尊作为中国古代青铜器中的瑰宝，不仅展现了商代晚期高超的铸造技艺，更在美育的视角下呈现出其独特的艺术魅力和文化价值。

从形式美的角度来看，四羊方尊以其独特的造型和精美的工艺吸引了无数人的目光。其造型简洁大方，线条流畅，四个大卷角羊的设计使得整个铜器在静谧中透露着威严，动与静的结合体现了古代工匠对于形式美的追求。同时，四羊方尊采用了浮雕、线雕等多种装饰手法，使得整个铜器在细节上更加精致，充满了艺术感。

从内涵美的角度来看，四羊方尊也蕴含着丰富的文化内涵。作为一件祭祀用品，它反映了商代人民对天地、神灵和祖先的敬畏之情，体现了古代社会的宗教信仰和祭祀文化。同时，四羊方尊的羊形象也寓意着吉祥、美好和丰收，寄托了古代人民对于美好生活的向往和追求。

在美育的视角下，四羊方尊不仅是一件珍贵的文物，更是生动的历史教材。它让人们能够直观地感受到古代人民的智慧

图 9-9　四羊方尊

和创造力，了解古代社会的文化和生活状态。同时，四羊方尊也激发了人们的审美情趣和想象力，让人们在欣赏美的同时，感受到文化的魅力和价值。

四羊方尊具有很高的艺术价值和收藏价值。它的造型独特、工艺精湛，是中国古代青铜器的杰出代表之一。同时，它也是中国国家博物馆的重要藏品之一，对于研究中国历史和文化具有重要的参考价值（图9-9）。

第四节　现代设计美

现代设计美是一种融合了科学与艺术、理性与直觉、物质与精神等多方面的美学体系，它随着现代工业化社会的发展而不断演变和丰富。现代设计美作为工艺美术在当代社会的延伸与革新，不仅继承了传统工艺美术的精髓，更融入了现代科技、文化、审美观念等多方面的因素，形成了独具特色的美学体系。

一、产品设计美

1. 功能性设计

现代产品设计强调"形式追随功能"（Form Follows Function），即设计首先要满足产品的基本功能需求。通过科学合理的结构设计、材料选择及工艺应用，实现产品的最优化使用效果。例如，一把椅子不仅要美观，更要坐得舒适、稳固耐用。

2. 人性化设计

人性化设计关注用户的使用体验和心理感受，通过人体工学原理、色彩心理

学、材质触感等研究，使产品更加贴合人的生理和心理需求。如智能手机界面的友好性设计，便于用户操作，减少误触，提升使用愉悦感。

3. 可持续设计

随着环保意识的增强，可持续设计成为现代产品设计的重要趋势。设计师在追求美观和功能的同时，更加注重材料的环保性、产品的可回收性和生命周期管理，以减少对环境的负面影响。

二、视觉传达设计美

1. 简洁与清晰

现代视觉传达设计追求信息的直接传达，通过简洁的图形、文字和色彩搭配，使信息一目了然，避免冗余和复杂。这种设计风格不仅符合现代人快节奏的生活方式，也提升了视觉体验的美感。

2. 创意与个性

在简洁清晰的基础上，现代视觉传达设计强调创意和个性的表达。设计师通过独特的创意构思、新颖的表现手法和个性化的设计风格，使作品在众多信息中脱颖而出，给人留下深刻印象。

3. 跨媒体融合

随着数字技术的发展，现代视觉传达设计不再局限于传统的印刷品、广告牌等媒介，而是向互联网、移动媒体、虚拟现实等多元化媒介拓展。设计师需要掌握多种媒介的设计语言和表现方式，实现跨媒体融合的视觉传达效果。

三、空间设计美

1. 空间布局

空间设计美首先体现在空间布局上。设计师通过对空间结构的合理规划、功能区域的科学划分和流线设计的优化，营造出既实用又美观的空间环境。例如，办公空间的布局要考虑员工的工作效率和舒适度；居住空间则要注重私密性和生活便利性。

2. 材质与色彩

材质和色彩是空间设计中不可或缺的元素。设计师通过选择环保、耐用、美观的材质和搭配和谐、富有层次感的色彩，营造出舒适、温馨的居住环境或高雅、庄重的公共空间。

3. 文化与情感

空间设计不仅仅是物质空间的创造，更是文化和情感的传递。设计师在设计中融入地域文化、历史传承和人文关怀，使空间环境成为传递文化、表达情感的重要载体。例如，在公共空间设计中融入当地的文化元素和民俗风情，可以增强居民的归属感和认同感。

四、数字设计美

1. 交互体验

数字设计美主要体现在人机交互的体验上。通过设计直观、易用的界面和流畅、自然的交互方式，提升用户在使用数字产品时的满意度和愉悦感。例如，游戏设计中的沉浸式体验、智能家居中的便捷控制等。

2. 动态与变化

数字设计具有动态性和变化性的特点。设计师可以利用数字技术实现动画、视频、虚拟现实等多种表现形式，使设计作品更加生动、有趣。同时，数字设计还可以根据用户的行为和需求进行实时调整和优化，提供更加个性化的服务体验。

3. 数据可视化

数据可视化是数字设计中的重要领域。通过将复杂的数据转化为直观、易懂的图表、图形或动画等形式，帮助用户快速理解数据背后的信息和规律。数据可视化不仅提高了信息传递的效率，还赋予了数据以美学价值，使数据本身成为一种美的表现形式。

五、案例赏析

案例一：巴塞罗那椅

巴塞罗那椅作为一件杰出的设计艺术品，体现了设计师密斯·凡·德·罗对现代主义设计的深刻理解，为我们带来了独特的审美体验（图9-10）。

从形象性的角度来看，巴塞罗那椅以其简洁的线条和优雅的细节，为我们展现了一种极致的美学形态。这种形象性不仅体现在其外观的设计上，更在于其内在的功能性和实用性。椅子的X形

图9-10　巴塞罗那椅

钢架结构，看似轻盈纤细，实则坚固耐用，将椅背及椅座的重量平均分散至椅脚，达到了兼具轻盈与沉稳的完美力学结构。这种设计不仅体现了设计师对材料的深刻理解，更展现了一种对美的独特追求。

巴塞罗那椅不仅是一件家具，更是一件艺术品。它的出现，让人们在日常生活中也能感受到美的存在。当我们坐在巴塞罗那椅上，不仅能够享受到它带来的舒适感受，更能够在这种舒适中体验到一种美的愉悦。这种愉悦感不仅来自椅子本身的设计美感，更来自它与我们生活的紧密联系。

巴塞罗那椅的设计充分体现了现代主义设计的精髓。它摒弃了传统的装饰和繁琐的设计元素，将设计简化到最纯粹的状态。这种自由性不仅体现在设计的自由度上，更体现在使用的自由度上。无论是作为一件艺术品展示，还是作为一件实用的家具使用，巴塞罗那椅都能够完美胜任。

从美育的角度来看，巴塞罗那椅不仅是一件艺术品，更是一个时代的象征。它代表了现代主义设计的最高成就，也代表了人类对美的追求和向往。通过欣赏巴塞罗那椅，我们可以更好地理解现代主义设计的理念和精神，更深入地理解美的本质和价值。同时，它也能够激发我们对美的热爱和追求，让我们在日常生活中更加注重美的感受和体验。

案例二：国家大剧院标志

国家大剧院的 Logo（图 9-11），以简洁而富有张力的线条勾勒出国家大剧院（图 9-12）建筑的正面透视轮廓。这种设计方式，既体现了现代审美对简洁、大气的追求，又充分展现了建筑本身的独特魅力和艺术价值。

Logo 的线条流畅、优雅，充满了动态感和生命力。这种设计不仅让人一眼就能认出是国家大剧院的标志，更能在视觉上给人带来美的享受。它体现了美育中

图 9-11　国家大剧院 Logo

图 9-12　国家大剧院

对于形式美的追求，即通过形式来展现美的本质。

  Logo 的设计巧妙地运用了象征手法，通过建筑的轮廓来传达国家大剧院作为文化艺术殿堂的崇高地位。这种象征手法不仅丰富了 Logo 的内涵，也让人在欣赏的同时能够感受到它所代表的文化和艺术价值。

  其独特的艺术风格和深刻的文化内涵，激发了人们对于美和艺术的热爱和追求。这种情感美是美育中最为重要的一步，Logo 的设计过程本身就是一种美的创造。设计师通过巧妙的构思和精湛的技艺，将建筑的美转化为平面的美，将抽象的美转化为具象的美。这种创造美的过程，不仅体现了设计师的艺术素养和审美能力，也为观众提供了更多欣赏美的角度和可能性。

第十章
中国特色艺术审美鉴赏

第一节　传统艺术审美鉴赏

第二节　民间艺术审美鉴赏

第三节　红色文化审美鉴赏

第一节　传统艺术审美鉴赏

传统艺术审美鉴赏是一种对传统艺术作品进行欣赏、理解、评价和判断的过程。它不仅要求我们具备基本的艺术知识，还需要我们深入了解作品的历史背景、文化内涵、艺术风格等方面的信息。通过这种鉴赏活动，我们可以更好地理解艺术作品所传达的情感、思想和文化价值，同时也可以提高自己的审美能力和文化素养。

从美育的角度来看，传统艺术如书法、国画、陶瓷、京剧、武术和杂技都承载着深厚的文化内涵和独特的艺术魅力，它们不仅是中国文化的瑰宝，也是美育的重要载体。

一、书法

书法作为中国传统艺术的代表之一，其独特的笔墨韵味和构图美感让人陶醉。在美育中，书法不仅教导我们如何运笔、如何布局，更重要的是培养我们对线条、结构、墨色和空间的感知和审美能力。书法练习需要耐心和专注，这有助于提高我们的心性，净化我们的心灵。

1. 形式美

书法的形式美主要体现在其独特的线条、结构和布局上。书法通过毛笔的挥洒，将点、线、面有机结合，形成千变万化的形态。这种线条的流畅、自然和富有韵律感，使得书法作品具有极高的审美价值。同时，书法的结构布局也极为讲究，字与字之间、行与行之间的呼应、对比与和谐，都体现了书法艺术的独特魅力。

2. 意境美

书法的意境美主要来自作品所传达的情感和哲理。书法家在创作时，往往将自己的情感、思想和哲学观念融入其中，使得书法作品不仅具有艺术价值，更富有深厚的文化内涵。通过欣赏书法作品，我们可以感受到书法家对生命、自然和社会的独特感悟，以及他们追求真善美的精神境界。

3. 技法美

书法的技法美主要体现在其独特的笔墨技巧和运笔方法上。书法家通过长期的实践和积累，形成了各具特色的笔墨技巧和运笔方法。这些技巧和方法不仅使得书法作品具有极高的艺术价值，也为我们提供了学习和借鉴的宝贵资源。在欣赏书法作品时，我们可以感受到书法家在笔墨运用上的精湛技艺和独特风格。

4. 文化美

书法作为中国传统文化的重要组成部分，具有深厚的文化底蕴。它承载了中华民族的历史、文化和精神，是中国人民智慧的结晶。在书法作品中，我们可以看到中华民族的传统美德、价值观念和审美趣味。通过欣赏书法作品，我们可以更好地理解和传承中国传统文化，增强文化自信和民族自豪感。

拓展阅读

一、《平复帖》

《平复帖》是晋代文学家、书法家陆机的草隶书法作品，被誉为"天下法书之祖"，在中国书法史上占有极其重要的地位（图10-1）。这部作品以牙色麻纸本墨迹形式呈现，现收藏于北京故宫博物院。《平复帖》共九行、八十四字，是陆机写给一个身体多病、难以痊愈的友人的一封信札。由于信中有"恐难平复"的字样，故得此名。这部作品以秃笔书写于麻纸之上，笔意婉转，风格平淡质朴，充分展现了陆机深厚的书法功底和独特的艺术风格。

图10-1 《平复帖》

在美学价值上,《平复帖》以其精细的笔法和出色的布局呈现出完美的结合。每个字的形态和笔画都精雕细琢,线条流畅自然,字与字之间的排列和谐统一,展示了良好的比例和平衡感,给人以美感和舒适感。尤其是其独特的章法处理,将传统章草字字独立、横向收笔的特点改为了上下呼应、牵连纵引,使得笔断意连、呵成一气,产生了空间贯通性、线条承继性与节奏畅达性。

从书法技巧上看,《平复帖》用笔古雅,点画苍劲有力,朴实雄厚。全帖字字独立,每字笔画粗细变化不大,没有出锋特长特细之笔,粗细之变化完全靠笔之提按来完成。由于使用的是秃毫之笔,因此笔画短促有力,苍劲古朴,如"平"字第一笔,凌空取势,迅速入纸,重按后提锋向右出尖,把一横变成一点,既体现了秃锋的特点,又流露出古雅苍劲的风致。

此外,《平复帖》的创作背景也为其增添了丰富的历史内涵。它诞生于西晋时期,正值社会变革之际,文艺自觉意识强烈。同时,这幅作品也反映了当时朝代更迭、政治混乱、兵祸连年的社会现实。因此,《平复帖》不仅是书法艺术的瑰宝,也是研究当时历史、文化、政治等方面的重要资料。

《平复帖》以其独特的艺术风格、精湛的书法技巧和丰富的历史内涵,成为中国书法史上的经典之作,对后世书法艺术的发展产生了深远的影响。

二、《兰亭序》

《兰亭序》,又称《兰亭集序》《兰亭序草》《禊帖》《三月三日兰亭诗序》,是中国晋代书法家王羲之在浙江绍兴兰渚山下所写的一篇序文(图10-2)。它不仅是王羲之的书法代表作品,更被誉为中国书法史上的巅峰之作,被誉为"天下第一行书"。

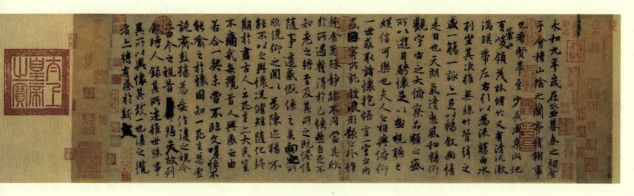

图10-2 《兰亭序》

公元353年4月（晋永和九年三月初三日），时任会稽内史的王羲之与友人谢安、孙绰等四十一人在会稽山阴的兰亭雅集，饮酒赋诗。王羲之将这些诗赋辑成一集，并作序一篇，记述流觞曲水一事，并抒写由此而引发的内心感慨。这篇序文就是《兰亭序》。

《兰亭序》全文共二十八行，三百二十四字，字字精妙，点画犹如舞蹈，有如神人相助而成。通篇遒媚飘逸，笔画之间的萦带，纤细轻盈，或笔断而意连，提按顿挫一任自然，整体布局天机错落，具有潇洒流利、优美动人的无穷魅力。其书法技艺达到了炉火纯青的地步，展现了王羲之深厚的书法功底和独特的艺术风格。

王羲之在《兰亭序》中不仅展现了卓越的书法才华，还蕴含了深邃的人生哲理和对宇宙、人生的思考。他以流畅自然的笔触，书写了人生的短暂和无常，表达了对生命和自然的敬畏和感慨。这种深刻的思考和感悟，使得《兰亭序》不仅是一篇书法作品，更是一篇具有深刻思想内涵的文学作品。

在历史上，《兰亭序》具有极高的艺术价值和文化价值。唐太宗李世民酷爱其书法，认为《兰亭序》是"尽善尽美"之作，死后将它一同葬入陵墓。宋代书法大家米芾更是称其为"中国行书第一帖"。后世但凡学习行书之人，都会倾心于《兰亭序》不能自拔。《兰亭序》对后世书法艺术家产生了深远影响，成为学习书法的典范。

《兰亭序》是中国书法史上的经典之作，不仅展现了王羲之卓越的书法才华和独特的艺术风格，还蕴含了深邃的人生哲理和对宇宙、人生的思考。它对于中国书法艺术的发展产生了深远的影响，成为后世书法艺术家学习和借鉴的宝贵财富。

二、国画

国画以其独特的笔墨、意境和气韵生动而著称。在美育中，国画教育我们如何欣赏自然之美，如何表达情感与思想。通过学习国画，我们可以学会如何运用色彩、线条和构图来创造美，同时也可以提高我们的观察力、想象力和创造力。

1. 笔墨情韵与色彩意蕴

国画重视线条的运用，以自然线条勾勒形象轮廓，注重表达器物与自然界间的联系。同时，挥洒墨汁也是表现独特情感和氛围的重要手段。尽管采用水墨为主要材料，但国画并非单调无彩，它注重在有限颜色上进行变化和运用，通过多个不同层数的水彩混合使色彩更加鲜明和丰富。这种独特的艺术表现方式，能够培养人们对线条和色彩的敏感度和鉴赏力，提升人们的审美情趣。

2. 境界超越与经典主题

国画追求"神似而不拘泥于形似",力图通过极简而意味深长的表现方式传递更多含义。它强调观者对作品的联想和共鸣,通过笔墨和构图来营造意境和氛围。同时,国画经常描绘自然景观、花鸟虫鱼以及人物肖像等经典主题,这些主题体现了中国文化中对大自然和人类生活的独特关注,也反映了传统美学的重要价值观。通过欣赏国画,人们可以领略到中国传统文化的博大精深和独特魅力,提升对传统文化的认同感和自豪感。

3. 技法与个性的展现

国画具有许多传统的表现技法,如点染、衬钩、浓墨重彩等。这些技法不仅体现了画家的技艺水平,也展现了画家的个性和文化背景。在美育中,学习国画的技法不仅可以提高学生的绘画技能,还可以帮助他们更好地理解和表达自我,展现个性。

4. 艺术素养的提升

中国画作品作为艺术性、专业性较强的美术类别,以展览的形式在教学领域呈现,使学生获得更为丰富的艺术认知和文化素养。在鉴赏和创作中国画的过程中,学生可以接触到不同的文化价值和内涵,重塑对艺术创作的审美判断和鉴赏标准,形成良好的艺术素养。同时,通过学习和实践,学生还可以培养对传统文化的热爱和尊重,提升民族自豪感和文化自信。

国画在美育中具有重要的地位和作用。通过学习和欣赏国画,人们可以领略到中国传统文化的独特魅力,提升审美情趣和艺术素养,更好地传承和弘扬中华优秀传统文化。

拓展阅读

一、《庐山图》

《庐山图》是东晋顾恺之创作的山水画,这是中国绘画史上的第一幅独立山水画,在山水画尚未形成独立画科时,该作品开启了中国山水画的先河。接下来将从画作的背景、内容和特点三个方面进行详细解读。

顾恺之,字长康,小字虎头,是中国东晋时期的著名画家,他的《庐山图》是山水画最初的崭新面貌。这幅画作为中国绘画史上的第一幅独立山水画,具有非常重要的历史意义。

《庐山图》以庐山为背景,描绘了山水的自然风光和人文景观。画中的山峰、云雾、树木、溪流等元素都具有较高的艺术价值和审美意义。这幅画不仅展示了顾恺之高超的绘画技巧,也表现了他对自然景观的热爱和向往。

画作采用"散点透视"的方法，构图宏伟，将崇山峻岭、奇石异木、云雾泉流、瀑布飞鸟、行人小舟等自然景象都融入其中，刻画精细入微。在画面中，观者可以看到雄伟的峰峦、巨大的山石、云雾缭绕的景象，以及树木、花草、飞鸟、行人等生动的形象。

顾恺之的《庐山图》在笔法上运用了精细入微的线描技巧，将山石、树木、云雾等自然景象描绘得栩栩如生。他以"游丝描"为主要笔法，通过粗细相间、刚柔并济的线条表现出物象的轮廓和质感。色彩上，以青绿为基调，运用淡雅的色彩表现山水的清新自然。它不仅具有极高的艺术价值和审美意义，而且对于研究中国绘画史和美学思想也具有非常重要的意义。这幅画作开启了山水画的先河，对后世山水画的发展产生了深远的影响（图10-3）。

图10-3 《庐山图》顾恺之

二、《辋川图》

《辋川图》是唐代诗人、画家王维创作的一幅山水画，被誉为"中国十大传世名画"之一。这幅画作于唐肃宗至德元年（公元756年），当时王维被贬为太子中舍人，后来又升迁为给事中。在长安西南的辋川别墅，王维创作了这幅山水画。

《辋川图》以辋川为背景，描绘了山水的自然风光和人文景观。画面中可以看到峰峦叠嶂、云雾缭绕、溪流潺潺、林木茂密等景象，展现了辋川别墅的优美环境和自然风光。在画面中，还有人物活动，如游客、船只、寺庙等，表现了人文景观和人与自然的和谐关系。画面的构图宏伟壮观，以山峰为主，配以云雾、树木、溪流等元素，展现出山水的自然风光。画面中的人物活动与自然景观相互呼应，形成了一个和谐统一的整体。

王维的《辋川图》在笔法上运用了精细入微的线描技巧，通过刚柔并济的线条描绘出山石、树木、云雾等自然景象。他运用了"游丝描"和"铁线描"等手法，使画面更加生动形象。以"散点透视"的构图方法，将不同视角的景象巧妙地融合在一个画面之中。这种构图方式使画面更加宏伟壮观，同时也增加了画面的深度和立体感。同时，他运用了"填彩"和"晕染"等手法，使画面更加丰富多彩。注重表现山水自然景观的意境和气韵，体现了中国传统文化中的"天人合一"思想。画面中的山峰、树木、云雾等元素相互呼应，形成了一个和谐统一的整体，表现出了人与自然的和谐关系，体现了他的诗歌创作的思想情感。他将诗歌与绘画相结合，通过画面表达出对自然景观的热爱和向往，使画面更加富有诗意。

它具有极高的艺术价值和审美意义。这幅画作展现了辋川别墅的优美环境和自然风光，同时也体现了王维对自然景观的热爱和向往。画面中的精细入微的线描技巧、淡雅的色彩表现以及"天人合一"思想的体现等都展现了王维独特的艺术风格和高超的绘画技巧（图10-4）。

图10-4 《辋川图》王维

三、《溪山行旅图》

《溪山行旅图》是宋代著名画家范宽的杰作，以山水为主题，通过独特的艺术手法和深刻的思想内涵，展现了自然之美、人文之美和生命之美。下面从美育赏析的角度，对这幅画作进行深入探索。

《溪山行旅图》首先展现的是自然之美。范宽通过细腻的笔触和丰富的色彩，将大自然的壮丽景色和优美风光展现得淋漓尽致。画面中，高耸入云的山峰、奔腾不息的溪流、茂密的林木和缭绕的云雾，共同构成了一幅壮美的山水画卷。这种自然之美不仅令人感叹大自然的神奇和美丽，也让人对生命和自然充满敬畏和感激之情。

在展现自然之美的同时，《溪山行旅图》也展现了人文之美。画面中，一队行旅正在艰难地攀登着山峰，他们的身影在云雾中若隐若现，给人一种神秘和敬畏的感觉。这些行旅者的存在，不仅为画面增添了生动性和趣味性，也体现了人类对自然的探索和挑战精神。同时，画面中的山峰、溪流和林木等元素，也被赋予了象征意义，如山峰代表坚韧和勇气，溪流代表生命和流动，林木代表成长和希望。这些象征意义的存在，使画面具有更深层次的思想内涵和文化价值。

《溪山行旅图》还展现了生命之美。在画面中，无论是山峰、溪流、林木还是行旅者，都充满了生命力和活力。山峰虽然高耸入云，但却在云雾的缭绕中展现出一种柔美和灵动；溪流虽然奔腾不息，但却在流淌的过程中展现出一种静谧和从容；林木虽然茂密繁盛，但却在生长的过程中展现出一种坚韧和不屈；行旅者虽然攀登艰难，但却在攀登的过程中展现出一种勇气和决心。这种生命之美不仅体现了生命的力量和价值，也让人对生命充满敬畏和赞美之情。

范宽通过独特的艺术手法和精湛的绘画技巧，将山水、云雾、林木和行旅者等元素巧妙地融合在一起，构成了一幅和谐统一的画面。在画面中，范宽运用了范式皴法和高远构图法等技巧，通过墨色的深浅、干湿等变化，展现出山石的纹理和质感以及云雾的缭绕和飘动。这种艺术之美不仅展现了范宽高超的绘画技巧和独特的艺术风格，也为中国山水画的发展树立了典范。

《溪山行旅图》作为一幅经典的中国山水画作品，具有极高的美育价值。首先，它可以帮助人们了解和欣赏中国山水画的独特魅力和文化内涵。其次，它可以培养人们的审美能力和艺术素养，提高人们对美的感知和理解能力。最后，它可以激发人们对自然的热爱和对生命的敬畏之情，促进人与自然的和谐共处。因此，《溪山行旅图》不仅是一幅优秀的山水画作品，也是一幅具有深刻美育意义的艺术品（图10-5）。

四、《洛神赋图》

图10-5 《溪山行旅图》范宽

《洛神赋图》是东晋顾恺之的代表作之一（图10-6），这幅画以三国时期曹植的《洛神赋》为蓝本，通过细腻的笔触和富有诗意的画面，展现了人与神之间的情感纠葛，不仅具有极高的艺术价值，还蕴含了丰富的审美体验和人文精神。

《洛神赋图》的画面构成和色彩运用都非常出色。在画面构成上，顾恺之巧妙地运用了山水、云雾、草木等元素，将画面分割为多个场景，使整个故事得以连贯而又有序地展现。在色彩运用上，顾恺之采用了淡雅的色调，使画面更显得清新脱俗，给人一种梦幻般的感觉。

在《洛神赋图》中，顾恺之对人物的塑造和情感的表达都非常到位。曹植的形象被描绘得英俊潇洒，而洛神的形象则被刻画得美丽动人。通过画面中两人的

图10-6 《洛神赋图》顾恺之

对望和互动，观众可以深刻感受到他们之间的深情厚谊。这种情感表达方式不仅令观众产生共鸣，也使得整个故事更加生动和感人。

《洛神赋图》中的细节处理也展现了顾恺之高超的绘画技巧和独特的艺术风格。例如在描绘水面上的人物倒影时，顾恺之运用了细笔触来表现水波的荡漾，使得人物与水面的关系更加逼真。此外，在描绘山石时，顾恺之运用了丰富的皴法技巧，使得山石的质感更加突出。这些细节处理不仅增加了画面的层次感和立体感，也使得整个作品更加生动有趣。

《洛神赋图》作为一幅以神话故事为题材的画作，蕴含了丰富的民族文化元素。一方面，画作中的人物形象、服饰、动作等都体现了古代中国的民族特色和文化内涵。另一方面，画作所表现的故事情节也反映了古代中国人民的信仰、价值观和审美观念。这种民族文化的表现不仅丰富了画作的内涵和形式，也使得观众可以更深入地了解和感受中华文化的博大精深。

三、陶瓷

中国陶瓷拥有悠久的历史和深厚的文化底蕴，其发展历程源远流长，技艺精湛，品种繁多，享誉世界。从古代开始，中国陶瓷就以其独特的艺术魅力和工艺价值，成为中华文明的重要代表之一。在传说中的黄帝、尧、舜时期至夏朝，彩陶便成为其发展的标志，其中仰韶文化、马家窑文化和齐家文化等典型文化遗址出土了大量陶瓷。到了汉朝，陶瓷开始受到重视，成为艺术家和工匠们的重要创作材料。六朝时期，佛教艺术对陶瓷产生了影响，留下了明显的痕迹。唐代被认为是中国艺术史上的一个伟大时期，陶瓷工艺技术进步巨大，精细瓷器品种大量出现。宋代陶瓷则得到了蓬勃发展，并开始对欧洲及南洋诸国大量输出，形成了各具特色的名窑和瓷器品种。

中国陶瓷的分类多种多样，按器型分类有碗、杯、盘、壶、炉、盒、罐、盆、瓶等；按工艺分类有青瓷、秘色瓷、青白瓷、卵白釉瓷、甜白瓷、祭瓷、绞胎瓷、玲珑瓷等；按瓷器的来源和使用范围分类有官窑瓷器、民窑瓷器；按窑口分类有宋代的官窑、哥窑、钧窑、汝窑、定窑五大名窑；按使用功能分类有实用器、明器、陈设、玩具、礼器祭器等；按色彩分类有单色釉瓷和彩绘瓷等。

中国陶瓷的工艺技术极为精湛，包括注浆成型、塑形、刀坯刻花、釉上绘画、烧制等多种技术。这些技术共同构成了中国陶瓷的独特魅力，使其在世界陶瓷艺术中独树一帜。中国陶瓷的艺术特征也极为丰富，包括质地之美、造型之美、色彩之美和工艺之美等。中国陶瓷的质地坚硬、温润如玉，其造型达数百种之多，以自身完美的曲线诠释了中式之美。陶瓷的釉色也经历了一个从单色到多彩的变化过程,从早期的黑色、青色、白色发展到风格各异的粉彩、五彩、素三彩等。同时,中国陶瓷是一种具有悠久历史和独特魅力的艺术形式,其品种繁多、技艺精湛、艺术价值高,是中华民族宝贵的文化遗产。

拓展阅读

一、元代青花云龙纹象耳大瓶

元代青花云龙纹象耳大瓶是元代景德镇窑烧制的青花瓷器,其制作工艺代表了当时陶瓷艺术的最高水平。青花瓷是元代最具创新精神的代表,它改变了中国瓷器单色釉的局面,使瓷器装饰更加丰富多彩。

该瓶造型高大魁伟,瓶盘口,长颈,瘦腹,台足,颈部两侧各附一象首环耳,显示了元代瓷器造型的独特风格。瓶身装饰有青花云龙纹,纹饰层次分明,繁而不乱,构图严谨,线条流畅。特别是云龙纹的绘制,龙身矫健有力,云纹翻卷自如,极具动感。青花色泽亮丽浓艳,青花发色鲜艳明快,具有较高的艺术价值。青花料的选择和发色处理是青花瓷器制作的关键,该瓶的青花发色体现了元代青花瓷器的典型特征。该瓶上刻有青花铭文,记录了制作年代和制作人的信息,具有重要的历史价值。铭文字迹清晰,书法流畅,不仅增添了瓷器的艺术魅力,也为我们研究元代陶瓷艺术提供了珍贵的实物资料。

元代青花云龙纹象耳大瓶作为元代青花瓷器的代表作之一,具有极高的艺术价值。其造型、纹饰、釉色和青花发色等方面都体现了元代青花瓷器的最高水平。同时,该瓶作为珍贵的文物,也具有极高的市场价值。它不仅是元代青花瓷器的代表作之一,也是中国陶瓷艺术的瑰宝(图10-7)。

图 10-7 元代青花云龙纹象耳大瓶

二、北宋汝窑青瓷莲花式碗

北宋汝窑青瓷莲花式碗是一件极具艺术价值和历史价值的陶瓷作品。汝窑,宋代五大名窑之一,以烧制青瓷而著称。其窑址位于河南省宝丰县,因宋代属汝州而得名。汝窑瓷器以其独特的釉色和精美的工艺,在中国陶瓷史上占有重要地位。北宋汝窑青瓷莲花式碗是汝窑瓷器中的一件精品,以其典雅的造型和温润的釉色,成为传世之作。

这件莲花式碗呈十瓣莲花形,器身随花口亦呈十瓣,形似一朵盛开的花朵。

凸凹与莲口相衔接，显得格外协调自然，美观大方。碗的造型比例适度，线条流畅，充分表现出莲花开放之势。青釉匀净温润，颇具艺术风韵，集观赏与实用于一体。

汝窑瓷器的釉色以天青色为主，俗称"鸭蛋壳青色"。釉层不厚，随造型的转折变化，呈现浓淡深浅的层次变化。釉面开裂纹片，多为错落有致的极细纹片，透明无色似冰裂，俗称为"蟹爪纹"。

北宋汝窑青瓷莲花式碗不仅展现了汝窑瓷器的高超技艺和独特风格，还体现了宋代陶瓷艺术的审美追求和文化内涵。莲花在中国文化中象征着圣洁、美丽与优雅，与古代人们追求清新自然的审美观紧密相关。这件莲花式碗以莲花为造型基础，寓意深远，具有极高的艺术价值。

汝窑瓷器传世最少，且后代从未仿烧到九成像者，鉴别真伪不是很难。这件北宋汝窑青瓷莲花式碗作为真品之一，被台北故宫博物院所珍藏，成为研究宋代陶瓷艺术的重要实物资料。汝窑瓷器以釉色取胜，少见花纹装饰。这件莲花式碗以其素雅的造型和温润的釉色，展现了汝窑瓷器的独特魅力，成为宋代瓷器中的珍品（图10-8）。

图10-8 北宋汝窑青瓷莲花式碗

四、京剧

京剧作为中国传统戏曲的代表之一，其独特的表演形式和丰富的文化内涵让人叹为观止。在美育中，京剧教育我们如何欣赏戏曲的唱腔、表演、服饰和剧情之美。通过欣赏京剧，我们可以了解到中国戏曲的博大精深和独特魅力，同时也可以提高我们的文化素养和审美能力。

京剧的艺术特点鲜明，唱腔独特，融合了北方曲艺的韵律和南方曲艺的柔美，具有高亢激昂的唱腔，富有表现力和感染力。表演技巧精妙，演员通过独特的身体语言、面部表情和手势，将人物形象和情感传达给观众，以达到艺术的表现效果。京剧中妆容和服饰丰富，演员们穿戴着精心设计的戏曲脸谱和戏装，通过色彩、图案和装饰物的运用，展现出不同角色的性格特点和社会地位。京剧动作和舞蹈优美，结合了武术和舞蹈元素，更加生动和富有视觉冲击力。

京剧的剧目繁多，其中一些经典剧目如《四进士》《连升店》《贵妃醉酒》《挑滑车》《起解会审》等，都以独特的艺术形式和深刻的主题内涵，深受观众喜爱。同时，京剧还涌现出许多杰出的艺术家，如梅兰芳、程砚秋、荀慧生、尚小云等，他们的表演艺术精湛,为京剧的发展做出了巨大贡献。

京剧作为中国传统艺术的重要代表,不仅在中国,而且在世界各地都受到广泛的关注和喜爱。它以其独特的艺术魅力和深厚的文化底蕴,成为连接不同文化、不同民族的桥梁,为世界文化的多样性和交流互鉴做出了重要贡献。

拓展阅读

一、《贵妃醉酒》

《贵妃醉酒》又名《百花亭》,是一出单折戏,取材于中国唐朝历史人物杨玉环的故事。这部作品经过中国著名京剧表演艺术家梅兰芳先生的创作和表演而广为人知,是梅派的代表剧目之一。

《贵妃醉酒》主要描述了杨贵妃深受唐明皇的荣宠,本是与唐明皇约定在百花亭赴宴,但久候不至,随后得知唐明皇早已转驾西宫。羞怒交加的杨贵妃,万端愁绪无以排遣,遂命高力士、裴力士添杯奉盏,饮至大醉,后来怅然返宫。该剧通过动作、唱词和曲调,生动地表达了杨贵妃由期盼到失望,再到怨恨的复杂心情。

图 10-9 《贵妃醉酒》

梅兰芳先生的表演艺术精湛,他以外形动作的变化来表现这个失宠贵妃从内心苦闷、强自作态到不能自制、沉醉失态的心理变化过程。繁重的舞蹈举重若轻,像衔杯、卧鱼、醉步、扇舞等身段难度甚高,演来舒展自然,流贯着美的线条和韵律。尽管梅兰芳在拍摄京剧电影《贵妃醉酒》时已经年过花甲,对高难度动作有所改动,但梅派艺术后继有人,使该剧仍然常演常新。《贵妃醉酒》不仅是一部艺术价值极高的京剧作品,更是一部展现了中国传统文化魅力和京剧艺术精髓的经典之作(图 10-9)。

二、《定军山》

《定军山》是一部深受观众喜爱的经典剧目,其独特的艺术魅力和深刻的文化内涵,让人回味无穷(图 10-10)。

图 10-10 《定军山》

从剧情来看，《定军山》以三国时期为背景，讲述了蜀国老将黄忠在诸葛亮的智谋和激励下，奋勇杀敌，最终成功夺取定军山的故事。剧情紧凑，情节跌宕起伏，通过生动的描绘和精彩的表演，将观众带入了一个充满英雄气概和悲壮情怀的三国世界。

从表演艺术来看，《定军山》展现了京剧艺术的独特魅力。演员们通过精湛的唱腔、身段和表情，将角色形象栩栩如生地呈现在观众面前。特别是主角黄忠的扮演者，通过其深厚的艺术功底和精湛的演技，将黄忠的英勇、果敢和忠诚表现得淋漓尽致。同时，京剧的唱腔、念白和动作等表演元素也得到了充分的展示，让观众在欣赏剧情的同时，也能感受到京剧艺术的独特韵味。

《定军山》还体现了中国传统文化中的智慧和勇气。在诸葛亮和黄忠等人物的身上，我们看到了古代文人的智谋和武将的英勇。他们凭借着自己的智慧和勇气，战胜了敌人，保卫了家园。这种智慧和勇气不仅是中国传统文化的重要组成部分，也是中华民族精神的重要体现。

从舞台效果来看，《定军山》的舞台布景和服装设计也十分精美。通过灯光、音响和道具的巧妙运用，营造出了一种古朴而庄重的氛围。同时，演员们的服装设计也十分考究，不仅体现了角色的身份和地位，还展现了京剧艺术的独特风格。

五、武术

武术不仅是中国传统体育的代表之一，也是中国传统艺术的重要组成部分。在美育中，武术以其独特的动作美感和文化内涵吸引了无数人的关注。通过学习武术，我们可以了解到中华武术的博大精深和独特魅力，同时也可以提高我们的身体素质和意志品质。

1. 身体美学的展现

武术通过身体动作、姿态和技巧来展现其独特的身体美学。每一个动作都经过精心设计和反复练习，旨在展现出身体的柔韧、力量、速度和协调性。这种身体美学的展现不仅令人惊叹，也让人感受到身体的潜力和美感。

2. 节奏与韵律的和谐

武术中的动作和招式往往伴随着节奏和韵律的变化。这种节奏和韵律的和谐不仅使动作更加流畅和优美，也让观众在欣赏时能够感受到一种内在的律动和美感。这种美感不仅体现在动作的形态上，也体现在动作的力度、速度和节奏上。

3. 文化内涵的呈现

武术不仅展现了身体美学和节奏韵律的和谐，更蕴含着深厚的文化内涵。武术作为一种传统文化形式，承载着中华民族的历史、哲学和道德观念。在武术中，这些文化内涵通过动作、招式和故事情节得以呈现，让观众在欣赏的同时也能够感受到中华文化的博大精深和独特魅力。

4. 情感与精神的表达

武术在展现身体美学和文化内涵的同时，也注重情感与精神的表达。通过武术的动作和招式，可以传递出勇气、坚韧、自律和尊重等情感和精神价值。这些情感和精神价值不仅让观众在欣赏时产生共鸣和感动，也能够激励人们在生活中追求更高的精神境界和人生价值。

5. 艺术与生活的融合

武术不仅是一种艺术形式，也是一种生活方式。在武术的学习和练习中，人们可以体验到身心的和谐与平衡，也可以感受到生活的美好和丰富。通过武术的练习，人们可以培养出坚韧不拔、自律自强的品质，也可以提高身体素质和心理健康水平。这种艺术与生活的融合不仅让武术作品更加具有生命力和感染力，也让人们更加深入地了解和欣赏武术这种独特的艺术形式。

武术展现了身体美学、节奏韵律的和谐、文化内涵的呈现、情感与精神的表达以及艺术与生活的融合等多个方面的价值。这些价值不仅让武术成为一种独特的艺术形式，也让它成为传承和弘扬中华文化、促进人类身心健康发展的重要载体（图10-11）。

图 10-11　武术

拓展阅读

太极拳作为中国传统文化的重要组成部分，承载了丰富的文化内涵。《太极拳谱》不仅记录了太极拳的技艺和流派，还蕴含了中华文化的精髓和哲学思想。它通过形态美、节奏美、意境美、文化美和艺术美等多种方式，展现了中华武术的独特魅力和深厚底蕴。

《太极拳谱》所描述的太极拳动作，每一个都经过精心设计，展现出人体形态的美。太极拳强调"以柔克刚"，通过身体的柔软与流畅，展示出"以静制动"的哲理。每一个动作都如行云流水，自然流畅，形成了一种独特的形态美。在太极拳的练习中，呼吸与动作的配合、快慢相间的节奏变化，都体现了太极拳的节奏美。这种美不仅体现在动作本身，更在于它带给人内心的宁静与和谐。

《太极拳谱》所传达的太极拳理念，强调身心合一、内外兼修。通过练习太极拳，人们可以感受到身心的和谐统一，达到一种超越物质世界的意境之美。太极拳的每一个动作都蕴含着深刻的哲理和意境，让人在练习中领悟到生命的真谛和宇宙的奥秘。

六、杂技

杂技作为一门古老而精湛的表演艺术，具有悠久的历史和丰富的内涵。杂技在中国已有2000多年的历史。在汉代，它被称为"百戏"，隋唐时叫"散乐"，唐宋以后为了区别于其他歌舞、杂剧，才正式称为杂技。古代文献《史记·李斯列传》《列子·说符》等都有关于杂技的文学记载。

杂技艺术以其惊险、刺激和独特的表演形式吸引了无数人的眼球。在美育中，杂技不仅教导我们如何欣赏表演者的技艺和勇气之美，还让我们了解到杂技艺术的艰辛和不易。通过欣赏杂技表演，我们可以体验到艺术的魅力和力量之美，同时也可以提高我们的审美能力和对艺术的热爱。

杂技的种类繁多，主要包括以下几种：柔术（软功）是通过人体的柔软度展现各种高难度动作。车技是借助各种车辆进行的技巧表演。口技是运用发声器官，模仿各种声音。顶碗是表演者将碗放在头顶，完成各种平衡和转动动作。走钢丝是表演者在高空的钢丝上行走，进行特技表演。变戏法（魔术）是通过巧妙的手法和道具，制造神奇的视觉效果。舞狮子是模仿狮子的形态和动作进行表演。

新中国成立后，杂技艺术得到了新的发展机遇。许多省、市成立了专业剧团，创造了许多新节目，并增添了灯光、布景、乐队等元素。此外，杂技艺术团还多次出国访问，并屡获国际大奖，使中国成为世界著名的杂技大国。

拓展阅读

《集体软功》是杂技艺术中的翘楚。这一表演项目要求演员们在柔软度和平衡能力上达到极高的水平（图10-12）。他们在舞台上展示出的翻滚、弯曲、旋转等动作，都需要极强的身体控制能力和深厚的杂技功底。这种技巧的展示不仅让观众感受到视觉上的震撼，也让人对杂技演员的辛苦付出和坚韧毅力产生由衷的敬佩。

从艺术表现力来看，《集体软功》同样令人赞叹。演员们在舞台上通过默契的配合和精心的编排，将软功技巧与舞蹈、音乐等艺术形式相结合，

图10-12 《集体软功》

呈现出一种独特的艺术风格。他们或舒展身体，或紧凑相依，动作之间既有流畅的自然之美，又充满了力量与速度的碰撞。这种艺术表现力不仅让观众在欣赏技巧的同时感受到美的享受，也让人对杂技艺术的多样性和创新性有了更深刻的认识。

从文化内涵来看，《集体软功》也蕴含了丰富的意义。杂技艺术作为中国传统文化的重要组成部分，具有悠久的历史和深厚的底蕴。通过《集体软功》这样的作品，我们可以感受到中国传统文化的魅力和精神内涵。同时，演员们在舞台上的默契配合和团结协作，也体现了中华民族的传统美德和人文精神。

从观众体验来看，《集体软功》无疑为观众带来了一场视觉盛宴。观众在欣赏表演的过程中，不仅可以感受到技巧的难度和艺术的魅力，还可以感受到演员们的热情和努力。这种身临其境的观赏体验让观众更加深入地了解杂技艺术，也让他们对演员们的付出和努力产生更深的敬意。它不仅展示了杂技艺术的独特魅力，也传递了中华民族的传统美德和人文精神。对于观众来说，欣赏这部作品无疑是一次难忘的艺术体验。

第二节　民间艺术审美鉴赏

一、民间艺术审美鉴赏的意义

1. 承载民间智慧和历史记忆

民间艺术作品往往从民间传统文化中汲取灵感，通过独特的艺术语言和表现形式，传递出当地人民的智慧和普遍价值观。这些作品通过艺术的形式，将智慧和记忆传递给后人，使得民间文化得以传承和发展。

2. 文化传承和民族认同

民间艺术作为一种独特的文化形式，代表了一个地区或民族的特色和风情。它不仅反映了民族艺术的独特风格和特点，还展示了民族文化的多样性和丰富性。通过民间艺术的审美鉴赏，人们可以更好地了解和传承自己的文化传统，增强对民族的认同感和自豪感。

3. 社会教育和精神寄托

民间艺术作品往往具有鲜明的时代特色和社会意义，它们通过艺术形式展现社会现实和人民生活，传递出一种积极向上的精神力量。鉴赏这些作品，人们可以培养品德、增长见识、陶冶情操，同时这也是一种积极的娱乐方式，能娱情怡神，促进人们的身心健康。

4. 审美再创造和自我实现

艺术品必须通过鉴赏主体的审美再创造活动，才能真正发挥它的社会意义和美学价值。鉴赏主体在艺术欣赏活动中，并不是被动、消极地接受，而是积极主动地进行着审美再创造。这种再创造活动从最根本的意义上讲，也是人类自身主体力量在审美活动中的自我肯定与自我实现。

二、民间艺术审美鉴赏对文化传承的作用

1. 加深文化理解

通过对民间艺术的审美鉴赏，人们可以更深入地理解传统文化的内涵、特点和价值。这有助于增强对传统文化的认同感和自豪感，促进文化的传承和发展。

2. 弘扬民族精神

民间艺术作品往往体现了民族的独特风格和特点，通过审美鉴赏，人们可以感受到民族精神的力量和魅力。这有助于增强民族凝聚力和自豪感，推动民族文化的传承和创新。

3. 传承技艺和智慧

民间艺术作品往往蕴含了丰富的技艺和智慧，通过审美鉴赏，人们可以学习和传承这些技艺和智慧。这有助于保护传统文化中的宝贵财富，推动文化的传承和发展。

4. 激发创意思维

民间艺术审美鉴赏可以激发人们的创意思维和想象力，推动文化的创新和发展。通过对民间艺术的深入研究和探索，人们可以发现新的艺术元素和表现手法，为现代艺术创作提供灵感和借鉴。

5. 促进文化交流

民间艺术审美鉴赏可以促进不同地区、民族之间的文化交流和理解。通过对不同地区、民族的民间艺术进行审美鉴赏，人们可以了解其他文化的特点和价值，促进文化之间的互相借鉴和融合。

6. 培养审美能力

民间艺术审美鉴赏可以培养人们的审美能力和艺术素养。通过对民间艺术的深入了解和欣赏，人们可以提高审美水平和艺术鉴赏能力，推动文化的传承和发展。

民间艺术审美鉴赏对文化传承具有重要的作用和意义。通过对民间艺术的深入研究和探索，人们可以更好地了解和传承传统文化，推动文化的创新和发展。

三、民间艺术的类型

民间艺术涵盖了各种形式和类型，以下是一些常见的民间艺术。

1. 剪纸

剪纸是中国传统民间艺术之一，是一种极具魅力和特色的民间艺术形式。剪纸通常以纸张为主要材料，运用剪刀或刻刀在纸上进行创作。它的图案丰富多样，涵盖了人物、动物、花卉、神话传说、民俗场景等众多主题，主要包括窗花、门笺、墙花、顶棚花、灯花等不同形式的剪纸作品。剪纸的技法有阳刻、阴刻、折叠、点染等。

2. 泥塑

泥塑是以黏土为原料，用手工捏制而成。泥塑作品形象逼真、生动，深受人们喜爱。泥土质地柔软且具有可塑性，为艺人提供了广阔的创作空间。艺人运用双手的巧劲，通过揉、捏、搓、压、刻等技法，将原本朴实无华的泥土塑造成形态各异、栩栩如生的形象。从生动可爱的儿童玩偶到庄严肃穆的宗教神像，从憨态可掬的动物造型到反映民间生活的场景雕塑，泥塑的题材丰富多样，涵盖了生活的方方面面。

3. 木雕

木雕以其独特的魅力展现着木材的生命与灵魂。木雕以木材为原料，通过雕刻、镂空、镶嵌等手法进行加工制作。木雕作品具有较高的艺术价值和收藏价值。木雕师运用丰富多样的工具，包括刻刀、锉刀、凿子等，通过削、雕、磨等手法，将一块木头逐渐雕琢成精美的艺术品。木雕师能够巧妙地利用木材的自然形态和纹理，顺势而为，使作品更加生动自然。木雕的题材广泛，涵盖了人物、动物、花卉、神话传说、历史故事等。无论是细腻入微的人物肖像，还是栩栩如生的动物形态，都能在木雕师的手下展现得淋漓尽致。

4. 刺绣

刺绣以丝线、棉线或其他纤维材料为"画笔"，以织物为"画布"，通过一针一线的穿梭，绣出千变万化的图案和绚丽多彩的画面。刺绣的题材广泛，涵盖了花鸟鱼虫、人物风景、神话传说等。从精美的花卉刺绣，细腻地展现出花瓣的纹理和色彩的渐变；到生动的人物刺绣，传神地刻画人物的表情和姿态；再到富有寓意的吉祥图案刺绣，寄托着人们对美好生活的向往和祝福。刺绣的针法丰富多样，如平针绣、乱针绣、打籽绣、盘金绣等。每种针法都有其独特的表现力，或细腻平滑，或粗犷豪放，或立体饱满，能够展现出不同的质感和效果。

5. 皮影戏

皮影戏是一种古老的民间戏曲艺术，以兽皮或纸板制成的人物形象为主要表演道具，通过灯光照射在屏幕上表演。这些皮影经过精心雕刻，形象生动，细节丰富，关节灵活，再涂上鲜艳的色彩，极具艺术魅力。表演时，艺人们在白色幕布后面，一边操纵着皮影人物，一边用当地流行的曲调讲述故事，同时配以打击乐器和弦乐。灯光透过皮影，将它们的身影投射在幕布上，形成生动的动态画面。皮影戏的故事题材丰富多样，涵盖了历史传说、神话故事、民间寓言等。皮影戏的表演风格独特，艺人们通过熟练的手法，让皮影人物做出行走、奔跑、打斗、舞蹈等动作，栩栩如生。其唱腔或悠扬婉转，或激昂高亢，配合着精彩的动作表演，营造出浓厚的艺术氛围。

6. 面塑

面塑通常以面粉、糯米粉为主要原料，经过巧妙地调配和揉制，形成具有良好可塑性的面团。艺人凭借着精湛的技艺和丰富的想象力，运用捏、搓、揉、掀、切、刻等手法，将面团塑造成各种栩栩如生的形象。面塑的题材丰富多样，从神话传说中的人物、历史故事中的英雄，到可爱俏皮的儿童、憨态可掬的动物，再到寓意美好的花卉、果实等，无所不包。无论是色彩斑斓的京剧脸谱，还是生动逼真的古装人物，都能在面塑作品中展现得淋漓尽致。在制作过程中，艺人注重对细节的刻画，人物的表情、服饰的纹理、动物的毛发等都能被精心雕琢。同时，色彩的运用也十分关键，通过巧妙搭配各种食用色素，使面塑作品更加鲜艳夺目、富有层次感。

7. 陶艺

陶艺是以黏土为原料，经过成型、干燥、烧制等工艺制作而成的工艺品。陶艺的基础在于黏土的选择与运用。从细腻的高岭土到粗糙的陶土，每种黏土都有其独特的特性，为陶艺作品赋予了不同的质感和风格。制作陶艺的过程充满了创造力和技巧性，艺术家们通过拉坯、捏塑、泥条盘筑等多种手法，将原本无形的黏土塑造成为各种形态优美的器物或艺术品。拉坯时，随着转盘的飞速旋转，双手巧妙施力，一个规整的器型逐渐成形；捏塑则更注重细节的雕琢，能塑造出栩栩如生的人物或动物形象；泥条盘筑则以泥条为元素，层层叠加，构建出独特的造型。陶艺的装饰技法同样丰富多样，可以在未干的坯体上进行雕刻、印花，展现出精美的图案和纹理；也可以运用釉料进行彩绘，通过不同的釉色和烧制温度，呈现出绚丽多彩的效果。

8. 风筝

风筝是一种传统的民间玩具，通常由骨架、蒙面和线三部分组成。骨架的材质多样，有竹条、木条等，其架构决定了风筝的形状和稳定性。蒙面的材料则包括纸、绢、塑料等，不仅赋予风筝多彩的外观，还影响着它的飞行性能。风筝的造型千变万化，从传统的燕子、老鹰、金鱼等动物形象，到现代的飞机、卡通人物等创意设计，无不展现着人们丰富的想象力。其图案绘制精美，色彩鲜艳，或寓意吉祥，或充满童趣。制作风筝是一门精巧的手艺，工匠们需要精准地测量和裁剪材料，巧妙地拼接骨架，细致地绘制图案，每一个环节都要求耐心和细心。而放飞风筝则是一种乐趣与挑战并存的活动，需要把握好风力、风向和放线的速度，让风筝在空中平稳翱翔。

9. 织锦

织锦是一种以丝线为原料，用手工织造而成的工艺品，它的纹理细腻、色彩鲜艳，具有很高的艺术价值。织锦以其精湛的工艺和精美的图案而著称，采用多种高质量的丝线，如桑蚕丝、金银线等，通过复杂的织机和精巧的织造技术，将丰富的色彩和细腻的图案交织在一起。织锦的图案题材广泛，涵盖了花鸟鱼虫、人物典故、神话传说、山水风景等。这些图案经过精心设计和布局，有的呈现出对称的美感，有的则展现出自由灵动的韵味，无不彰显着艺术家的巧思和创造力。

在织造过程中，织工们需要有高度的专注力和精湛的技艺。通过控制经线和纬线的交织方式，运用不同的织法，如平纹、斜纹、缎纹等，创造出丰富的纹理和质感。有的织锦还会加入特殊的技法，如提花、织金、织银等，使图案更加立体、生动、光彩夺目。

10. 糖画

糖画是一种以糖为原料，用手工绘制而成的工艺品。通常是将白糖、冰糖或麦芽糖等在锅里熬制融化，形成色泽金黄、浓稠适度的糖浆。艺人手持一把小勺，舀起糖浆，在光洁的石板或铁板上挥洒自如地进行创作。糖画的图案丰富多样，既有传统的十二生肖、花鸟鱼虫，也有神话人物、戏曲角色，还有现代的卡通形象等。艺人凭借精湛的技艺和丰富的想象力，仅用一勺一铲，便能在短时间内将糖浆勾勒成一幅幅精美的作品。在绘制过程中，艺人对线条的掌控至关重要。流畅的线条、细腻的笔触，使糖画作品栩栩如生。而且，糖画还讲究"快、准、狠"，因为糖浆一旦冷却就会迅速凝固，所以艺人必须一气呵成，方能成就佳作。

11. 农民画

农民画是农民自己创作的绘画作品，通常描绘农村生活、农业生产等场景，具有浓厚的乡土气息和民族特色。农民画因质朴、纯真和浓郁的生活气息而独具魅力。它的题材广泛且贴近生活，涵盖了农村的劳动场景、丰收的喜悦、传统的民俗活动、乡村的自然风光以及农家的日常生活等。这些画面生动地展现了农民对土地的深情、对劳动的赞美和对美好生活的向往。在表现手法上，农民画不受传统绘画规则的束缚，色彩运用大胆而鲜艳，常常以强烈的对比和饱满的色调来表达情感。线条简洁而富有力量，造型夸张且富有想象力，充满了天真烂漫的童趣和独特的艺术张力。农民画的创作材料也十分多样，从普通的纸张、画布到墙面，都能成为创作者的创作天地。所用颜料有传统的水彩、水粉，也有就地取材的天然颜料。

12. 蜡染

蜡染是一种古老的染色工艺，以蜂蜡为防染剂，在布上绘制图案，然后进行染色。制作蜡染时，先将融化的蜡液用特制的工具，如铜刀、蜡笔等，在白布上绘制出各种精美的图案。这些图案可以是抽象的几何纹样，也可以是生动的花鸟鱼虫、人物形象等。绘制完成后，将布放入染缸中进行染色。由于蜡液的覆盖，有蜡的地方染液无法渗透，从而在布上形成了独特的白色图案。经过多次染色和漂洗，去除蜡质，一幅素雅清新的蜡染作品便呈现在眼前。蜡染的图案往往蕴含着丰富的文化内涵和民族特色。它不仅是美的表达，更是民族历史、宗教信仰、生活习俗的生动记录。不同地区的蜡染有着各自鲜明的风格，从线条的粗细、图案的布局到色彩的运用,都展现出当地独特的审美情趣和文化传承。

13. 扎染

扎染是一种古老的染色工艺,通过扎结、染色等步骤制作出独特的图案和色彩。扎染的独特之处在于其独特的制作工艺。首先需要准备一块白色的布料,然后运用各种扎结技法,如捆扎、缝扎、夹扎等,对布料进行有规律或随意的捆绑和束缚。接下来便是染色的环节,将扎好的布料放入染缸中,染料会渗透进布料未被扎住的部分。由于扎结方式的不同,染料渗透的程度和范围也各异,从而形成了丰富多样、变幻无穷的图案和色彩效果。当解开扎线展开布料的那一刻,就如同揭开一份神秘的礼物。那些或规则或不规则的花纹,或浓或淡的色彩过渡,充满了惊喜和自然之美。图案可能是晕染的圆圈、流动的线条,也可能是抽象的几何形状,每一块扎染作品都是独一无二的。扎染的色彩选择通常较为丰富,从传统的靛蓝、蓝白组合,到现代的多彩搭配,都展现出不同的风格和氛围。

14. 蓝印花布

蓝印花布是一种以植物靛蓝为染料,采用传统工艺印制的布艺品。蓝印花布以其素雅的蓝色和独特的印花图案而备受瞩目。它通常采用天然的蓝草作为染料,经过一系列复杂的工艺,赋予布料深邃而纯净的蓝色。在图案制作方面,蓝印花布有着精湛的技艺。先在纸上刻出精美的花纹图案,然后将其覆盖在布料上,通过刷涂防染浆或用刮浆板刮浆的方式,使图案部分被覆盖保护起来。接着,将布料放入染缸进行染色,染后除去防染浆,便呈现出蓝白相间的清晰图案。蓝印花布的图案题材丰富多样,常见的有花卉、动物、人物故事、吉祥符号等,这些图案往往寓意着美好、幸福和吉祥。其风格简洁明快,线条流畅,充满了浓郁的民间风情和生活气息。

15. 内画

内画是一种以特制的细笔在玻璃瓶、水晶球等透明或半透明物体内部绘制画面的工艺。常见的载体有鼻烟壶、水晶球、玻璃瓶等。内画的创作工具极为特殊,通常是特制的细笔,笔尖能在狭小的空间内灵活运转。画家需要凭借超凡的技艺和耐心,反着在容器内部勾勒出细腻、逼真的画面。内画的题材丰富多样,涵盖了人物、山水、花鸟、历史典故、神话传说等。无论是精美的人物肖像,还是壮阔的自然风光,都能在这小小的空间里展现得淋漓尽致。内画的魅力不仅在于画面的精美,更在于其独特的创作过程。画家需要全神贯注,通过对空间和光线的巧妙运用,营造出独特的艺术效果。而且,内画对于细节要求极高,每一笔每一画都需要精准无误,稍有差错便前功尽弃。

16. 竹编

竹编是一种以竹子为原料,通过编织、拼接等工艺制作而成的工艺品。竹子的坚韧性和柔韧性为竹编创作提供了绝佳的条件。在能工巧匠的手中，经过劈、削、刮、磨等多道工序，竹子被处理成各种粗细、厚薄不同的竹篾。竹编的技法丰富多样，常见的有编织、缠绕、嵌套等。通过不同技法的组合运用，可以编织出各式各样的图案和造型。从简单实用的竹篮、竹筐，到精美的竹席、竹屏风，再到造型复杂的竹编艺术品，无不展现出竹编工艺的精湛与巧妙。竹编作品不仅注重实用性，也强调艺术性。其图案精美，线条流畅，有的简洁大方，有的繁复细腻，充满了浓厚的生活气息和文化韵味。在一些竹编作品中还融入了地方特色和民俗元素，成为地域文化的独特象征。

17. 砖雕

砖雕是一种以砖石为原料，通过雕刻、镂空等手法进行加工制作的民间工艺。砖雕作品形象逼真、立体感强，常用于建筑装饰和园林景观。砖雕以质地细腻的青砖为材料，通过雕刻师的巧手和精湛技艺，在砖块上展现出精美的图案和生动的场景。砖雕的工艺极为复杂，包括打磨、构图、雕刻、修整等多个环节。雕刻手法多样，有线刻、浅浮雕、高浮雕、透雕等。线刻细腻流畅，能勾勒出精致的线条；浮雕层次分明，富有立体感；透雕则玲珑剔透，精妙绝伦。砖雕的题材丰富广泛，涵盖了人物故事、神话传说、花卉鸟兽、吉祥图案等。这些题材往往寓意着吉祥、美好和幸福，寄托了人们对生活的向往和祝福。

18. 纸扎

纸扎是一种以纸张为原料，通过折叠、粘贴等工艺制作而成的民间工艺品。纸扎通常以竹条、木条为骨架，以各色纸张为主要材料。通过剪裁、折叠、粘贴等手法，将纸张塑造成各种形状和物件。纸扎的作品种类繁多，涵盖了人物、动物、建筑、器具等诸多方面。在丧葬习俗中，常见的有纸人、纸马、纸房子等，寄托着对逝者的哀思和祝福。而在一些节日庆典中，也会有纸扎的花灯、彩船等，增添喜庆的氛围。纸扎的制作需要极高的耐心和技巧。从最初的构思设计，到骨架的搭建，再到纸张的装饰，每一个步骤都要求精细入微。纸扎的艺术价值不仅在于其外形的精美，还在于它所承载的文化内涵和民间信仰。

19. 布艺

布艺是一种以布料为原料，通过裁剪、缝制等工艺制作而成的民间工艺品。布艺以各种布料为主要材料，包括棉布、麻布、丝绸、绒布等，其丰富的材质和色彩为创作提供了无限可能。布艺作品形式多样，从实用的衣物、被褥、窗帘，到装饰性的靠垫、壁挂、玩偶等，无一不展现出布艺的魅力。在制作过程中，运用裁剪、缝纫、刺绣、拼贴等多种技法，将布料巧妙地组合和加工。布艺的图案设计也是精彩纷呈，有简约的几何图案，有生动的花卉动物，还有充满故事性的场景描绘。通过不同的图案和色彩搭配，可以营造出各种风格，或清新自然，或华丽复古，或童真可爱。

20. 藏毯

藏毯是一种以羊毛为原料，采用传统工艺编织而成的地毯。藏毯以其精湛的编织工艺和浓郁的民族特色而闻名。通常采用优质的羊毛或牦牛毛为原料，经过梳毛、纺线、染色等一系列复杂工序，为编织作好准备。藏毯的编织手法独特而精巧，通过手工打结的方式，将一根根毛线编织成紧密厚实、图案精美的毯面。其图案丰富多彩，融合了宗教元素、自然景观、民俗风情等，常见的有八宝吉祥、佛教符号、花卉植物、飞禽走兽等。这些图案不仅具有装饰性，还承载着深厚的文化内涵和宗教寓意。藏毯的色彩搭配鲜艳而和谐，以暖色调为主，如红、黄、蓝、绿等，展现出藏族人民热情奔放的性格特点。同时，藏毯的质地柔软舒适，保暖性能极佳，是藏族人民生活中不可或缺的物品。

这些民间艺术作品都具有独特的艺术魅力和审美价值，反映了不同地区和民族的文化传统和审美观念。通过对这些作品的鉴赏和收藏，可以更深入地了解和感受中国民间艺术的魅力和文化价值。

四、案例赏析

1. 剪纸作品：《十二生肖》

《十二生肖》剪纸作品在形式上展现出了极高的美感。十二生肖作为中国传统文化中的重要符号，在这幅作品中被巧妙地转化为剪纸艺术的形式，每一个生肖都被精心刻画，形象生动、栩栩如生。无论是鼠的灵巧、牛的沉稳，还是虎的威猛、兔的温柔，都通过剪纸这一独特艺术形式得以展现，充分展示了剪纸艺术的精湛技艺和独特魅力（图10-13）。

图10-13 《十二生肖》剪纸作品（局部）

《十二生肖》不仅是一幅剪纸作品，更承载了丰富的文化内涵。十二生肖是中国传统文化中的瑰宝，代表了中华民族对时间的理解和对生命的尊重。在这幅作品中，每一个生肖都蕴含着深厚的文化内涵和象征意义，如鼠代表智慧、牛代表勤劳、虎代表勇猛等。观众在欣赏作品的同时，也能够感受到这些文化内涵所带来的情感共鸣和心灵触动。

2. 刺绣作品：《姑苏繁华图》

这是一幅展现了中国传统刺绣艺术魅力和文化内涵的杰作。这幅作品以清代宫廷画家徐扬的《姑苏繁华图》为蓝本，通过绣娘的巧手，将原画中的江南水乡风情和繁华街市景象细腻地再现于绣布之上，让观者仿佛置身于那个时代的苏州，感受到那里的繁荣与美丽（图10-14）。

从构图和布局上看，《姑苏繁华图》刺绣作品充分展现了原作的精妙和严谨。绣娘在绣制过程中，不仅忠实于原作的画面内容，还通过刺绣的针法和色彩，进一步强化了画面的层次感和立体感。整幅作品以苏州城为中心，向四周展开，将灵岩山、木渎镇、横山、石湖、上方山等自然景观和城内的繁华街市、桥梁、官衙、商肆等人文景观巧妙地融合在一起，形成了一幅气势恢宏、布局精妙的画面。

从色彩和针法上看，《姑苏繁华图》刺绣作品充分展示了中国传统刺绣艺术的精湛技艺和独特魅力。绣娘在绣制过程中，采用了多种针法和色彩，将原作中的色彩和光影效果巧妙地表现出来。特别是对人物、建筑、桥梁等细节的刻画，更

图10-14 《姑苏繁华图》刺绣作品

展现了绣娘高超的技艺和精湛的绣工。整幅作品色彩鲜艳、层次分明、线条流畅、细腻入微，让人叹为观止。

从文化内涵上看，《姑苏繁华图》刺绣作品也充分体现了中国传统文化的博大精深。刺绣作品不仅忠实地再现了原作中的画面内容，还通过刺绣这一艺术形式，将中国传统文化的精髓和内涵融入其中。作品中的江南水乡风情、繁华街市景象、民俗风情等元素，都反映了中国传统文化中的审美情趣和价值观念。同时，绣娘在绣制过程中，也融入了自己的情感和理解，使得作品更加具有感染力和生命力。

3. 泥塑作品：天津"泥人张"

自清代道光年间起，"泥人张"泥塑便以独特的艺术魅力和精湛的技艺，成为中国民间艺术的瑰宝。"泥人张"泥塑所蕴含的技艺堪称一绝。它采用的是天津当地特有的黏土，经过艺人的精心挑选和加工，使得泥土既具有可塑性，又具备了一定的硬度和韧性。在艺人手中，这些泥土仿佛有了生命，经过捏、揉、搓、塑等手法，一个个栩栩如生的人物形象便跃然眼前。

"泥人张"泥塑作品在造型上追求写实与夸张的结合，既有对传统人物形象的准确捕捉，又有对人物性格和内心世界的深刻揭示。在风格上，它融合了南北彩塑的精髓，既有北方彩塑的粗犷豪放，又有南方彩塑的细腻精致。这种独特的风格使得"泥人张"泥塑作品在民间艺术中独树一帜。

在色彩运用上，"泥人张"泥塑作品注重色彩的对比和协调，以红、黄、蓝、绿等鲜艳的颜色为主，通过色彩的巧妙搭配和过渡，使得作品在视觉上更具冲击力。同时，作品上的装饰纹样也极具特色，既有传统的吉祥图案，也有寓意深刻的符号和图案。这些装饰纹样不仅增添了作品的艺术价值，也反映了艺人深厚的文化底蕴和艺术修养。

"泥人张"泥塑作品所塑造的人物形象，涵盖了社会各个阶层和领域，既有帝王将相、文人墨客，也有平民百姓、市井小贩。这些作品不仅展示了不同人物的形象和性格特征，也反映了当时社会的风貌和人们的生活状态。通过欣赏这些作品，我们可以更好地了解中国传统文化和民间艺术的独特魅力。

"泥人张"泥塑艺术在传承中不断创新，在保持传统技艺的基础上，不断吸收新的艺术元素和创作理念。这种创新精神使得"泥人张"泥塑作品在保持传统魅力的同时，也更具时代感和现代感。

天津"泥人张"的泥塑作品以其独特的艺术魅力和精湛的技艺，成为中国民间艺术的瑰宝（图10-15）。通过鉴赏这些作品，我们可以更好地领略中国传统文

图 10-15　泥塑

图 10-16　《西厢记》皮影作品

化的博大精深和民间艺术的独特魅力。

4. 皮影作品：《西厢记》

《西厢记》作为皮影戏的经典剧目（图 10-16），通过独特的皮影表演形式，将中国传统文化中的道德观念、审美情趣以及人文精神传递给观众。这是一部集传统文化、精湛工艺与深刻情感于一体的艺术作品。

从艺术技艺的角度来看，《西厢记》展现了皮影戏制作和表演的精湛技艺。皮影戏中的人物形象是由剪纸艺术创作而成的，每个角色都需要经过精细的剪裁和雕刻。这种制作工艺不仅需要剪纸师傅的巧手和耐心，还需要对角色形象的准确把握和艺术创造力。在皮影戏的表演过程中，表演者通过手中的皮影配合灯光的照射和音乐的伴奏来表现出角色的动作和情感，这种独特的表演形式也体现了皮影戏的艺术魅力。

从故事情节和人物塑造方面来看，《西厢记》讲述了一段感人至深的爱情故事。书生张生与崔相国之女莺莺在普救寺邂逅，两人为争取婚姻自由而敢于冲破封建礼教的禁锢，最终私下结合。这个故事情节不仅引人入胜，还蕴含着对自由、爱情和人性深刻的思考。同时，作品中的人物形象鲜明生动，通过皮影的细腻刻画，观众可以深刻地感受到他们的喜怒哀乐以及内心的挣扎与追求。

第三节　红色文化审美鉴赏

一、红色文化的内涵

红色文化是中国共产党和中国人民在革命斗争实践中创造的一种具有鲜明特色和深刻内涵的文化形态。它主要形成于中国共产党领导人民进行革命斗争的实践中，不仅包括了1921年中国共产党成立以来的革命文化积淀，也涵盖了从1840年至1921年中国共产党成立之前这段时间的革命文化延伸。红色文化主要是精神文化，同时包含物质文化。其精神层面体现在多种革命精神中，如"红船精神""井冈山精神""长征精神"等，这些精神都是红色文化的精髓和灵魂。而物质层面则包括革命历史、革命文献、旧址、遗址和遗物等。

二、红色文化的特征

民族性：红色文化是反对帝国主义压迫，主张中华民族的尊严和独立的文化。它是中华民族的独特产物，具有鲜明的民族特色。

科学性：红色文化反对一切封建思想和迷信思想，主张实事求是，坚持唯物史观与辩证法，坚守客观真理的科学品格。

大众性：红色文化始终与人民群众的根本利益和要求紧密相连，具有强烈的群众意识。它来自人民大众，服务于人民大众，代表了人民大众的意志和愿望。

开放性：红色文化面向世界、面向未来，具有开放性的特点。在经济全球化和现代科学技术飞速发展的背景下，红色文化与其他国家的文化相互交融、相互影响。

时代性：红色文化既是革命时期的产物，也是现代中国社会发展的重要组成部分。在尊重历史的同时，红色文化也在不断地创新和发展，以适应当代社会和人民的需要。

红色文化是中华优秀传统文化的重要组成部分，是对革命精神、爱国主义精神和民族精神的深刻表达，对中华民族的发展起到了重要的推动作用。弘扬和传承红色文化是每一个中国人应该肩负的责任。通过学习红色文化，我们可以深刻认识中华民族的历史和精神，感受革命先辈的英雄气概和崇高信仰，更好地理解和积极投入祖国的现代化建设和民族复兴的伟大事业中。

红色文化具有深厚的历史根基和丰富的思想内涵，展现了大众性、民族性、时代性、开放性和科学性的特征。通过对红色文化的深入理解和鉴赏，人们可以更好地传承革命精神，弘扬社会主义核心价值观，为实现中华民族伟大复兴提供强大的精神动力。

三、红色文化价值与现实意义

1. 传承和弘扬革命精神

红色文化是革命文化的代表,蕴含着丰富的革命精神和历史内涵。红色文化是中国革命历史的重要组成部分,承载着无数先烈的英勇事迹和崇高精神。红色文化传承是对历史的铭记与尊重。它让人们牢记那些为了国家独立、民族解放而英勇奋斗、壮烈牺牲的英雄们。通过参观革命遗址、纪念馆,阅读红色经典著作,人们能够深入了解那段波澜壮阔的历史,感受革命先辈们坚定的信念和无私的奉献。通过红色文化审美鉴赏,人们可以更好地理解和传承这些精神,推动社会进步和发展。

2. 提高艺术素养和文化修养

红色文化审美鉴赏具有重要的意义和价值,不仅可以提高人们的艺术素养和文化修养,还可以促进文化产业的发展,丰富人们的生活和精神世界。红色文化是一种综合性的文化形态,包括文学、音乐、舞蹈、戏剧等多种形式。通过审美鉴赏,人们可以提高对艺术的欣赏能力和文化修养,促进个人全面发展。

3. 增强民族凝聚力

红色文化是中国人民共同的精神财富,代表着中华民族的尊严和荣誉。红色文化审美鉴赏可以激发人们的爱国热情和民族自豪感,增强民族的凝聚力和自信心。红色文化是中国革命历史的重要组成部分,通过审美鉴赏,青少年可以更好地了解历史、认识国情,树立正确的历史观和国家观念。

4. 增强社会主义核心价值观的认同

红色文化是中国共产党领导下的革命文化,蕴含着社会主义核心价值观的深刻内涵。通过审美鉴赏,人们可以更好地理解和认同社会主义核心价值观,树立正确的世界观、人生观和价值观。红色文化作品中往往描绘了许多革命先烈的英勇事迹和民族精神,这些故事和情节可以激发人们的爱国主义情感,培育民族责任感和使命感。

5. 推进文化创新和跨文化交流

红色文化具有独特的艺术形式和表现手法,可以为文化创新提供灵感和借鉴。同时红色文化审美鉴赏可以促进不同文化之间的交流和融合,推动文化的多样性和包容性发展。

四、案例赏析

案例一：《开国大典》

《开国大典》是红色经典时期的代表性作品，具有强烈而深刻的时代烙印，在绘画史上有着独特的地位，生动地再现了中国革命的历史场景和伟大时刻（图10-17）。

《开国大典》在色彩运用方面非常出色。画家董希文通过对人物形象的细致刻画和对场景的描绘，使得整个画面的色彩呈现出强烈的视觉冲击力和感染力。画家使用了大量的红色和黄色等鲜艳的颜色，这些颜色相互交织，给人以强烈的视觉震撼和兴奋感。同时，画面中的其他元素，如天空、旗帜、建筑物等也都有各自的颜色搭配，使得整个画面更加丰富和饱满。

《开国大典》中的线条运用也非常巧妙，线条成为表现情感的重要手段。画家使用了一些粗犷的线条来表达人民解放军的雄姿和气势，这种线条的变化不仅展现了历史事件的动态感和生命力，更让人们感受到了历史的厚重感和沧桑感。

《开国大典》所呈现出的意境之美也是其重要的审美价值之一。这幅画作不仅仅是对历史事件的简单再现，更通过对历史场景的描绘和对人物情感的表达，营造出了浓厚的艺术氛围和深远的意境。作品以其独特的审美价值和深刻的内涵成为一部不可替代的艺术珍品。它不仅展示了中国革命的伟大历程和中国人民的精神风貌，更激发了人们的爱国热情和民族自豪感。

图10-17 《开国大典》董希文

《开国大典》作为一幅红色文化作品,其历史价值也是不可忽视的。它记录了中国革命的重要历史时刻,展现了中国人民在中国共产党的领导下,经过艰苦卓绝的斗争,终于实现了民族独立和人民解放。

案例二:《万里长征》

《万里长征》展现了雕塑艺术的独特魅力(图10-18)。这件作品通过细腻而富有张力的雕刻手法,生动地再现了红军长征的艰辛历程。雕塑中的人物形象栩栩如生,他们的面部表情、身体姿态都充满了力量感和生动性,仿佛将观众带入了那个充满艰难困苦和革命激情的年代。此外,雕塑的构图和布局也体现了艺术家的高超技艺,通过人物之间的错落有致和空间的巧妙利用,营造出强烈的视觉冲击力和震撼力。

《万里长征》传递了深刻的历史内涵和人文精神。这件作品以红军长征为主题,通过艺术的形式再现了那段波澜壮阔的历史。在欣赏雕塑的过程中,观众可以感受到红军战士们坚定的信念、不屈不挠的精神和对革命事业的忠诚。这种精神力量不仅感染了观众,也让人们更加深刻地理解长征精神的伟大意义。同时,雕塑也表达了艺术家对历史的敬畏和对革命先烈的缅怀之情,让人们在欣赏艺术的同时,也接受了一次深刻的历史教育和人文熏陶。

图10-18 《万里长征》

案例三:《党的儿女》

　　歌剧《党的儿女》以其独特的艺术魅力,将革命历史的壮阔画卷与人性光辉的细腻描绘完美融合,为观众呈现了一场震撼心灵的审美体验。歌剧《党的儿女》以悠扬而深情的旋律,引领我们走进那个烽火连天的年代。音乐作为情感的桥梁,不仅再现了革命战士们激昂的斗志与不屈的精神,更深刻挖掘了他们内心深处对党的忠诚、对亲人的思念以及对未来的憧憬。旋律起伏间,情感的波澜被细腻地勾勒出来,使观众在音符的跳跃中感受到那份超越时空的情感共鸣。

　　舞台之上,演员们以精湛的演技和动人的歌声,将剧中人物的形象刻画得栩栩如生。他们的每一个眼神、每一个动作都充满了力量与情感,仿佛将观众直接带入那个充满挑战与牺牲的革命岁月。通过戏剧冲突的巧妙构建与人物性格的深刻塑造,歌剧《党的儿女》不仅展现了革命斗争的残酷与艰辛,更揭示了人性的光辉与伟大。

　　此外,这部作品还蕴含着丰富的历史与人文内涵。它不仅仅是一部关于革命历史的歌剧,更是一次对中华民族精神的深刻颂扬。在欣赏过程中,观众不仅能够领略到革命战士们英勇无畏的风采,更能感受到那份对国家和民族深沉的爱与责任。这种情感的传递与共鸣,无疑是对观众心灵的一次深刻洗礼与升华。

案例四:《高山下的花环》

　　红色电影《高山下的花环》让人们仿佛穿越回那个烽火连天、英雄辈出的年代,经历了一场心灵与视觉的双重洗礼。这部作品以其独特的艺术手法和深刻的主题内涵,不仅再现了历史的沧桑与悲壮,更展现了人性中最纯粹、最光辉的一面,为观众带来了一场震撼心灵的审美体验。

　　《高山下的花环》以壮丽的山川为背景,将镜头聚焦于一群普通的战士和他们背后的家庭,通过细腻的情感刻画和宏大的叙事结构,展现了他们在国家危难之际挺身而出、英勇牺牲的壮丽篇章。电影中,每一帧画面都蕴含着浓厚的情感与深刻的思考,让观众在视觉享受的同时,也能深刻感受到那份对国家的忠诚、对亲人的深情以及对和平的渴望。

　　影片中的角色形象鲜明,个性突出,他们既是战场上的铁血战士,也是家中的柔情儿女。演员们以精湛的演技,将角色的内心世界展现得淋漓尽致,让观众在观影过程中能够深切地感受到他们的喜怒哀乐、悲欢离合。特别是那些关于亲情、友情、爱情的细腻描绘,更是触动了无数观众的心弦,让人为之动容。

　　除了情感上的共鸣,《高山下的花环》还蕴含着丰富的历史与人文内涵。它不仅仅是一部讲述战争与牺牲的电影,更是一次对人性、对生命、对价值的深刻探讨。通过这部电影,观众可以更加深刻地理解到,在历史的洪流中,每一个渺小的生命都能绽放出耀眼的光芒,每一个平凡的战士都能成为民族的脊梁。

第十一章
美的创新与创造

第一节　审美创新与艺术发展

第二节　创造力培养与美的创新

第三节　审美思维与科技创新

第四节　美的创新与民族复兴

美的创新与创造是一个充满挑战和机遇的过程，也是一个不断演进的过程，我们需要具备对美的感知和理解、勇气和冒险精神、持续学习和实践、合作与交流以及开放的心态和批判性思维等方面的能力和素质。我们需要勇于尝试新的创意和想法，不怕失败和挫折，通过反复实验和探索来不断推动美的创新与创造的发展。同时，我们还需要具备实践能力，能够将美学观念和创意转化为具体的形式和作品。只有通过不断的学习和实践，我们才能够推动美的创新与创造不断发展，为人类文化进步做出更大的贡献。

第一节　审美创新与艺术发展

审美创新与艺术发展是紧密相连的，它们在相互促进中不断推动着艺术的进步。审美创新是艺术发展的核心动力，而艺术发展则为审美创新提供了广阔的舞台。

审美创新是指在艺术创作中，艺术家通过独特的视角、新颖的表现手法和深刻的思考，创造出具有独特魅力的艺术作品。这种创新不仅仅是技术的突破，更是对美的追求和对生活的深刻洞察。艺术家通过对传统的继承与创新，将个人情感、社会现象、历史文化等元素融入自己的作品中，形成了独特的艺术风格和审美观念。

艺术发展则是在审美创新的推动下，不断突破传统的限制，开拓新的艺术领域和表现形式。在艺术发展的历程中，我们可以看到不同时期的艺术家们通过不断的创新和探索，创造出了丰富多彩的艺术作品。这些作品反映了不同时代、不同地域、不同文化的审美观念和价值取向，同时也为后世的艺术家提供了宝贵的借鉴和启示。

一、审美创新与艺术发展之间的关系

审美创新与艺术发展之间是相辅相成的。一方面，审美创新为艺术发展提供了源源不断的动力。艺术家们的创新思维和创作实践推动着艺术的不断进步，使得艺术作品在表现形式、主题内容、文化内涵等方面更加丰富多元。另一方面，艺术发展为审美创新提供了广阔的空间和平台。艺术市场的繁荣、艺术教育的普及、艺术评论的活跃等，都为艺术家们的创新实践提供了良好的环境和机遇。

在艺术领域，审美创新与艺术发展之间的紧密关系体现得尤为明显。艺术作为人类文化的重要组成部分，不仅反映了社会的精神面貌，也体现了人类对美的追求和对生活的理解。而审美创新则是推动艺术发展的重要力量，它使得艺术作品在形式、内容、风格等方面不断突破，形成新的艺术潮流和风格。

审美创新可以促进艺术形式的多样化。艺术家们通过尝试新的表现手法和技巧，创造出与众不同的艺术作品，从而丰富了艺术形式。例如，现代主义艺术流派的出现，使得艺术家们摆脱了传统绘画和雕塑的限制，通过新的材料和技术手段，创造出装置艺术、行为艺术等新的艺术形式。这些新的形式不仅使得艺术作品更加生动和有趣，也激发了观众对艺术的热爱和创造力。

审美创新可以拓展艺术内容的深度和广度。艺术家们观察和思考现实生活中的问题，将其融入自己的作品中，从而深化了艺术内容的内涵和外延。例如，当代艺术家们关注环境保护、社会公正、人性探索等议题，将其融入自己的作品中，从而使得艺术作品更加具有现实意义和人文关怀。深度和广度的拓展不仅丰富了艺术的内涵，也使得艺术作品更加具有时代性和社会性。

审美创新可以推动艺术风格的演变。艺术家们通过借鉴不同文化、不同时代的艺术风格，将其融入自己的作品中，从而形成了新的艺术风格。现代主义艺术家们借鉴了非洲、亚洲等地区的民间艺术元素，将其融入自己的作品中，从而形成了独具特色的现代主义风格。这些新的风格不仅丰富了艺术的形式和表现力，也使得艺术作品更加具有全球性和文化多样性。

二、审美创新的因素

审美创新的因素主要包括社会文化环境、艺术教育和培养、艺术市场和产业链、科技进步和创新、观众审美水平和接受度等方面。

审美创新与社会文化环境密切相关，政治、经济、文化等社会因素对审美创新产生了重要影响。艺术教育和培养是推动审美创新的重要因素之一，通过系统的艺术教育和培养，可以使更多的人了解和掌握艺术知识和技能，培养出更多的艺术家和艺术爱好者。同时，艺术教育还可以促进文化交流和理解，增强文化自信和认同感。艺术市场和产业链是推动审美创新的重要因素之一，艺术市场的繁荣可以吸引更多的投资者和收藏家，促进艺术品的流通和价值的实现。同时，艺术产业链的发展可以带动相关产业的发展，如文化旅游、文化创意等，从而推动经济的繁荣和发展。科技进步和创新对审美创新产生了重要影响，新技术的应用可以创造出新的艺术表现形式和风格，如数字艺术、虚拟现实等。同时，科技的发展也为艺术家提供了更多的创作工具和材料，如新材料、新工艺等，从而丰富了艺术的表现力。观众的审美水平和接受度也是影响审美创新的重要因素之一，观众的审美水平和接受度可以直接影响艺术家的创作思路和艺术作品的呈现方式。同时，观众的反馈和建议也可以促使艺术家不断改进和完善自己的作品，推动艺术进步和审美创新。

三、艺术发展的因素

艺术发展的因素主要包括经济因素、政治因素、宗教因素、道德因素、文化传统因素、科技进步因素等方面。

经济是艺术发展的决定力量和终极原因。经济决定了艺术的发生、艺术的性质以及艺术的发展等。经济繁荣时期,艺术通常会得到更多的支持和赞助;而经济萧条时期,艺术的发展会受到限制。政治对艺术发展具有直接的、重大的、深刻的影响。政治制度、政策以及政治事件等都会对艺术的发展方向产生影响。宗教对艺术发展的影响也是不可忽视的,宗教信仰和观念可以影响艺术家的创作思路和艺术作品的风格。道德给艺术发展以巨大的影响,道德观念可以影响艺术家的创作主题和表现手法,同时也可以影响观众的审美和价值判断。一个地区的文化传统也会对艺术发展产生影响,文化传统中的审美观念、艺术形式、表现手法等都会对当地的艺术产生影响。科技的进步可以为艺术家提供新的创作工具和材料,从而推动艺术的创新和发展。例如,数字技术的发展对现代艺术产生了深远的影响。

第二节　创造力培养与美的创新

创造力是艺术创作中不可或缺的特质,它推动着艺术家不断探索新的领域,创造出独特且具有震撼力的艺术作品。

一、创造力的培养路径

创造力的培养路径主要包括培养观察力、拓展知识领域、提升技能与技术、激发想象力等方面。

观察力是创造力的基石,艺术家通过敏锐的观察力,能够捕捉到生活中平凡而独特的细节,从而在他们的作品中展现出独特的视角和情感。观察力的培养可以通过对自然、社会现象的观察和思考来实现。广泛的知识储备是创造力的重要来源,艺术家需要不断学习新的知识,了解不同的文化、艺术流派和技巧,以拓展自己的视野和思路。通过阅读书籍、参加展览和研讨会,艺术家可以汲取更多的灵感和创意。熟练的技能与技术是创造力得以实现的基础,艺术家需要不断练习和完善自己的技能,通过实践和积累经验,艺术家能够更好地表达自己的创意和想法。想象力是创造力的翅膀,艺术家需要激发自己的想象力,创造出独特且富有想象力的作品。通过阅读小说、观看电影和戏剧等，艺术家可以激发自己的想象力，拓展创作的思路和领域。

二、美的创新方式

美的创新方式主要表现在敢于挑战传统、跨领域合作、关注社会议题、实验与创新等。

美的创新需要勇气和决心，艺术家需要敢于挑战传统的审美观念，尝试新的表现形式和技巧，以创造出独特的艺术作品。跨领域合作是美的创新的重要途径，这种合作可以带来新的创意和思路，推动艺术的创新和发展。关注社会议题是美的创新的重要来源，可以使艺术作品更加具有现实意义和人文关怀，推动社会的进步和发展。实验与创新是美的创新的核心，艺术家可以通过实验和创新，探索新的艺术形式和技巧，以创造出独特的艺术作品。

三、创造力培养与美的创新的关系

创造力培养与美的创新是相互促进、相辅相成的。通过培养观察力、拓展知识领域、提升技能与技术和激发想象力，艺术家可以培养创造力。而通过挑战传统、跨领域合作、关注社会议题以及实验与创新，艺术家可以实现美的创新。这种创造力和美的创新的结合，可以推动艺术的进步和发展，为观众带来更加丰富多样的审美体验。创造力培养与美的创新是艺术创作中不可或缺的要素。通过培养创造力和实现美的创新，艺术家可以创造出独特的艺术作品，推动艺术的进步和发展。

四、美的创新实践类型

美的创新是艺术家们不断探索和追求的，需要艺术家们具备创新思维和实践能力。以下是几种美的创新实践类型。

1. 寻找灵感来源

寻找灵感来源是美的创新的第一步。自然界常常是美的创新的重要源泉，艺术家可以通过观察自然，寻找创作的灵感。传统文化也是一座灵感宝库，不同国家和民族的传统文化中古老的神话传说、传统工艺、艺术作品等都承载着独特的美学价值。科技的进步为美的创新带来了新的可能，新兴的材料、技术和工具，开拓了创作的边界。3D打印技术使复杂的造型得以轻松实现；数字成像技术让艺术家能够创造出前所未有的视觉效果。社会现象和人类行为也是灵感的来源之一，当代社会的多元文化交流、人们的生活方式和情感需求，都能引发对美的新思考和创新。跨领域的融合能够碰撞出独特的灵感火花，将音乐、舞蹈、文学与视觉艺术相结合，会产生全新的美的表达形式。观察日常生活中的细节同样能获得灵感，一个不经意的瞬间、一件平凡的物品，都在有心人的眼中成为美的创新的起点。

2. 挑战传统审美观念

随着时代的变迁和社会的发展，新的艺术形式、设计理念和文化思潮不断涌现。这些创新的美的表达常常突破了传统审美观念所设定的框架和规则。挑战传统审美观念是美的创新的重要途径。艺术家可以通过对传统的艺术形式和技巧进行反思和重新诠释，创造出独特的艺术作品。然而，美的创新挑战传统审美观念并非一帆风顺。一方面，传统审美观念具有强大的惯性和影响力，新的审美观念会遭遇抵制和误解。另一方面，过度追求创新而忽视了一定的审美共性和文化传承，也导致美的表达变得过于小众和难以理解。美的创新对传统审美观念的挑战是一种必然，也是审美领域发展的动力源泉。在这个过程中，我们需要在创新与传承之间找到平衡，以实现美的多元与丰富。

3. 跨领域合作与融合

在当今时代，美的创新愈发呈现出跨领域合作与融合的趋势。跨领域合作与融合是美的创新的重要手段。与科学家合作，将科学原理和技术应用到艺术创作中；与建筑师合作，将建筑艺术与绘画、雕塑等艺术形式相结合，创造出独特的空间艺术作品。然而，跨领域合作与融合也面临一些挑战。不同领域之间的语言、工作方式和价值观念存在差异，需要各方进行有效的沟通和协调。同时，在融合过程中，要避免生硬拼凑，确保各个元素能够有机结合，实现真正的创新和美的呈现。总之，美的创新跨领域合作与融合为我们带来了令人惊喜的成果，展现了无限的可能性。

4. 运用新材料和新技术

在美的创新领域，新材料和新技术的运用正发挥着日益关键的作用，运用新材料和新技术是美的创新的重要途径。艺术家通过运用新的材料和技术，创造出独特的艺术作品。新材料的出现为美的表达开辟了全新的途径。3D打印技术的发展让复杂的形状和结构能够轻松实现，设计师可以摆脱传统制造工艺的限制，创作出极具个性和创意的作品，从精美的珠宝到独特的家具，3D打印技术为美的创新提供了无限可能。虚拟现实（VR）和增强现实（AR）技术则改变了人们对美的体验方式，它们可以创建沉浸式的虚拟环境和增强现实的叠加效果，让观众以全新的视角感受和参与美的创作。

5. 持续学习和探索

持续学习和探索是美的创新的基础，美的创新离不开持续的学习和探索。持续学习是美的创新的基石，在不断变化的时代，审美观念、艺术形式和技术手段都在迅速发展。通过学习新的知识、理论和技能，我们能够紧跟时代的步伐，为美的创新积累丰富的素材和灵感。探索则是美的创新的驱动力，只有勇于尝试新的方法、材料和表现形式，才能突破传统的束缚，发现未知的美的可能性。不断探索新的创作手法，探索不同领域之间的交叉点。在持续学习和探索的过程中，还需要保持开放的心态和敏锐的观察力，关注社会的变化、人们的需求和情感的诉求，从中捕捉到美的创新的方向。

五、美的创新实践方法

1. 逆向思维

在美的创新中，逆向思维方法是一种独特而富有成效的策略。逆向思维意味着打破常规的思考路径，从相反的方向去审视和解决问题，从而为美的创造带来全新的视角和突破。人们对于美的认知通常存在一定的惯性和定式，而逆向思维则挑战这些既定观念。在艺术创作中，当大多数人追求写实和具象的表达时，逆向思维引导艺术家走向抽象和极简的风格。舍去繁琐的细节，仅用简洁的线条和色彩来传达情感和主题，反而能给观众带来强烈的视觉冲击和深刻的审美体验。逆向思维方法为美的创新开辟了一条与众不同的道路，让我们有机会突破常规，发现那些被忽视或隐藏的美，为美的世界增添更多的多样性和惊喜。

2. 参与互动

艺术家可以创作观众可以参与的作品，通过观众的互动和参与来创造出独特的艺术体验。参与互动法强调让观众不再仅仅是美的旁观者，而是成为美的创造者和体验者。通过积极地参与和互动，人们能够更深入地理解美，并共同塑造美的形态和内涵。参与互动法为美的创新注入了活力和多样性，使美不再是高高在上的、孤立的存在，而是成为人们共同参与和创造的生动体验。

3. 跨界合作

艺术家可以与其他领域的专家和艺术家进行跨界合作，以创造出独特的艺术作品。跨界合作意味着不同领域、行业、学科之间的相互交融与协同创新，打破传统的界限，为美的呈现带来全新的可能性。跨界合作主要表现在艺术与建筑的跨界合作、文化与商业的跨界合作、音乐与影视的跨界合作等。跨界合作为美的创新打开了广阔的空间，通过整合各方的优势资源和创新力量，不断刷新人们对美的认知和感受。

4. 主题探索与情感表达

在美的创新领域，主题探索和情感表达是至关重要的两个方面。艺术家可以通过深入探索不同的主题和情感来创造出独特的艺术作品。主题探索是美的创新的核心起点。它要求艺术家深入挖掘各种潜在的、未被充分展现的主题。这涉及对社会现象的观察与反思，对人性的洞察，对自然奥秘的追寻，或是对历史文化的重新解读。情感表达则是赋予美的灵魂和深度的关键，真正能够打动人心的美，往往蕴含着丰富而真挚的情感。这种情感可以是喜悦、悲伤、愤怒、宁静等各种复杂的情绪。艺术家通过色彩、线条、形状、声音、文字等多种元素来传达情感。

第三节　审美思维与科技创新

审美思维与科技创新是两个看似独立但实际上紧密相连的领域。审美思维为科技创新注入了灵感和创造力，具有审美思维的人能够敏锐地感知和捕捉到美的形式、结构与规律，从而将这种对美的理解转化为创新的思路和设计。审美思维有助于提升科技创新的用户体验，在注重功能的同时关注产品的形态、色彩、材质等审美因素，能够让用户在使用科技产品时获得愉悦和满足。审美思维促进跨学科的融合与创新，它打破了传统学科的界限，使科技与艺术、设计等领域相互借鉴、相互启发。例如，在建筑设计中结合了先进的建筑材料和结构技术，同时又融入了美学理念，创造出既实用又美观的建筑作品。

一、审美思维引领科技创新

1. 设计理念

审美思维在科技创新中起着至关重要的作用。设计师运用审美思维，将艺术、文化等元素融入产品设计中，使产品不仅具备实用功能，还具有美观性和文化内涵。这种设计理念推动了产品的创新和升级，满足了消费者对美的追求。

2. 用户体验

审美思维关注用户体验，强调产品与人之间的互动和情感联系。科技创新通过技术手段提升产品的易用性、舒适度和趣味性，使用户在使用过程中感受到美的享受。这种关注用户体验的科技创新有助于增强产品的市场竞争力。

二、科技创新推动审美思维拓展

1. 新的材料与技术

科技创新不断推出新的材料和技术，为艺术家提供了更广阔的创作空间。例如，新型材料可以使艺术作品具备独特的视觉效果和触感，而虚拟现实、增强现实等技术则可以为艺术家创造出全新的艺术形式和表现方式。

2. 数字艺术与互动媒体

数字艺术和互动媒体是科技创新对审美思维的重要影响领域。通过计算机图形学、人工智能等技术手段，艺术家可以创作出具备交互性、动态性和虚拟性的艺术作品，为观众带来全新的审美体验。

3. 跨界合作与创新

科技创新推动了不同领域之间的跨界合作与创新。艺术家、科学家、工程师等可以共同合作，将科技与艺术相结合，创造出具备创新性和实用性的产品或服务。这种跨界合作与创新有助于拓展审美思维的边界，推动艺术与科技的深度融合。

三、审美思维与科技创新的共同发展

审美思维与科技创新的共同发展是当今社会的重要趋势。艺术家和科学家之间的合作与交流越来越密切，推动了艺术与科技的深度融合。这种融合不仅有助于推动科技创新的发展，也有助于拓展审美思维的边界，为人类社会带来更多的美和创造力。审美思维与科技创新是两个紧密相连的领域，它们相互影响、相互促进。通过审美思维的引领和科技创新的推动，我们可以创造出更多具备美感和实用性的产品或服务，为人类社会带来更多的福祉和进步。

第四节 美的创新与民族复兴

一、创新在民族复兴中的重要性

创新是推动民族复兴的重要引擎。在经济领域，创新通过引入新的生产技术和商业模式，提高生产效率，降低成本，提升产品质量，从而增强国内产业的国际竞争力。在文化领域，创新使传统文化焕发新的生机，更好地适应现代社会的需求，从而在全球化的背景下保持独特的魅力。在科技领域，创新推动科技进步，提升国家科技实力，为民族复兴提供强大的科技支撑。

二、美的创新与民族复兴的融合

美的创新与民族复兴的融合可以促进文化产业的发展，带动相关产业的经济

增长，为国家的经济发展提供新的动力和支撑。通过美的创新与民族复兴的融合，人们可以更好地认识和传承中华文化的精髓，增强文化自信和自豪感，提高国家和民族的形象和影响力。美的创新与民族复兴的融合可以激发人们的创新精神和实践能力，推动科技创新和文化创新的协同发展，为国家和社会的创新发展提供强有力的支持。美的创新与民族复兴的融合可以提供更加丰富多彩的艺术作品和设计理念，满足人们对于美的追求和精神生活的需求，提高人们的生活质量和幸福感。美的创新与民族复兴的融合，可以推动中华文化和艺术走向世界舞台，增强中华文化的国际影响力和竞争力，为国家和民族的发展提供有力的支持。

总之，美的创新与民族复兴的融合对于推动经济发展、增强文化自信、促进创新发展、丰富人们的精神生活以及增强国际竞争力都具有重要的影响。在未来发展中，我们应该进一步加强对美的创新与民族复兴的融合研究和实践，为实现中华民族伟大复兴贡献自己的力量。

从古至今，美一直是人类精神生活的重要组成部分，它赋予我们力量，激发我们的创新精神，引领我们追求更高的目标。通过学习美育，我们认识到美的力量无穷无尽。在艺术、文化、科技等各个领域，美的创新与创造力成为推动社会进步的关键因素。对于个人而言，美育有助于培养我们的审美鉴赏能力和创造力，使我们面对生活中的各种挑战时更具信心和勇气。

在这个全球化的时代，民族复兴不仅仅是一个国家的目标，也是全人类的共同追求。民族复兴不仅需要经济的繁荣和科技的进步，更需要文化的传承与创新。美育作为文化传承与创新的重要载体，对于推动民族复兴具有不可替代的作用。

在未来的日子里，我们应该更加重视美育的价值，通过各种途径和形式积极推广美育。学校、家庭、社区等各个层面都应该加强对美的教育与实践，让更多的人领略美的魅力，培养对美的热爱。只有这样，我们才能充分发挥美的力量，推动个人成长和社会发展。

最后，我们要感谢那些为传承和发扬中华优秀传统文化而努力奋斗的艺术家、文化学者和教育工作者。正是他们的辛勤付出，让我们有机会领略到中华文化的博大精深，感受到美的独特魅力。让我们携手努力，共同实现中华民族伟大复兴！

参考文献

[1] 理查德·加纳罗. 艺术让人成为人 [M]. 北京：北京大学出版社，2021.

[2] 沃兴华. 中国书法史 [M]. 上海：上海古籍出版社，2023.

[3] 杜卫. 美育学概论 [M]. 北京：高等教育出版社，2023.

[4] 罗杰·伊伯特. 伟大的电影 [M]. 桂林：广西师范大学出版社，2020.

[5] 丁玲. 高职院校美育与思政教育协同育人的实践研究 [J]. 大学，2022（S2）：103-105.

[6] 樊钰蕾. "美育"视域下高师院校中国古典舞教学路径探析 [J]. 大众文艺，2022（24）：154-156.

[7] 刘天枝，梅运彬. 可能·问题·路径：新时代美育融入高校思政教育实践探赜 [J]. 连云港师范高等专科学校学报，2022，39（4）：83-86，92.

[8] 陈煜璐. 高职院校美育融入思想政治教育实践路径探析 [J]. 江苏高职教育，2022，22（5）：79-83，96.

[9] 王春雨. 新时代语境下高校美育课程创新性探究 [J]. 大众文艺，2022（2）：142-144.

[10] 姜阿珊. 文化自信背景下高校美育课程的探讨——以中外美术对比赏析课程为例 [J]. 大众文艺，2022（4）：176-178.